어제 울었어도
오늘의 행복을 지킬 거야

어제 울었어도
오늘의 행복을 지킬 거야

임상심리학자 김도연

흔

#PART 01
자존감이 뭐라고
: 자존감을 높여야 한다는 강박에서 벗어나기

PART 01

자존감이
뭐라고

자존감을 높여야 한다는
강박에서 벗어나기

행복과 자존감은
비례할까

누군가 "당신의 자존감은 어떤가요?"라고 질문한다면 어떻게 대답할 것 같으신가요. '내가 자존감이 높은 사람일까?' 다시금 고민하게 되시나요. 오늘날 자존감은 한 개인을 나타내는 하나의 정체성이 되어버린 듯합니다. 자존감이 높아야만 심리적으로 건강한 사람이라는 프레임 속에 살다 보니 이제는 조금만 감정이 흔들려도 '자존감이 떨어진다'라는 표현이 쉽게 나오지요. 그러나 정말 자존감이 높아야만 건강한 사람일까요? 일단 현실에서는 '자존감이 낮은 사람'으로 낙인찍히면 불필요한 동정을 받거나 유약한 사람이라는 인식을 견뎌야만 합니다.

자존감은 자신을 존중하는 마음에서 비롯된다는 것은 누구나 알고 있을 것입니다. 현실적으로 항상 일관되게 자기를 존중하는 것은 무척 어려운 일입니다. 자존감에 관해 이야기할 때 흔히 오해하는 점이 바로 '자기 비난'입니다. 얼마 전 두 사람이 서로 맞장구를 치며 "자존감이 높은 사람은 다른 사람이 뭐라고 해도 신경을 안 써. 자기를 비난하지도 않아"라고 말하는 장면을 접했습니다. 과연 그럴까요? 우리는 다른 사람의 말에 신경을 쓰는 사람이나 자기 비난을 하는 사람을 자존감이 낮다고 간주합니다. 과연 타인의 말에 신경을 끄고 살 수 있을까요? 자기 비난을 멈추고자 다짐한다고 해서 과연 가능할까요? 다른 사람의 말에 신경 쓰지 않는 사람이 되려면 인간의 기본 욕구인 사랑, 안전, 존중, 소속감 등을 모두 내려놓아야 가능합니다. 오히려 자기 비난을 하지 않으려 다짐하면서 '난 자존감이 낮아'라고 스스로 평가하게 됩니다. 자존감 자체보다 자존감에 덧씌워진 온갖 프레임이 우리를 숨 막히게 하는 것입니다. 차라리 "당연히 다른 사람의 말에 신경 쓸 수 있다. 그렇다고 자존감이 낮은 사람이 되는 것은 아니다"라고 생각하거나 어린 시절부터 자기 비난을 잘 다루는 방법을 배운다면 좀더 편안하게 마음을 대할 수 있습니다.

자기 비난은 이미 자존감 낮은 사람의 전유물이 되어버린 듯하지만, 객관적인 심리 검사와 주관적인 자기평가 혹은 주변 사람들에게 자존감이 높다는 평을 듣는 사람이라고 해서 어떤 실수를 하거나 일을 제때 마무리하지 못하거나 감정적으로 말하거나 지난 일을 떠올릴 때 후회하지 않는 건 아닙니다. 그럴 때마다 흔히 말하는 자기 비난이 거의 자동적으로 일어납니다. 자기 비난은 우리 일상에서 흔한 일입니다. 애초에 다른 사람의 말에 신경을 끈 채 수치심을 느끼지 않고 자기 비난을 하지 않는, 무수히 많은 자존감 프레임에서 생존할 만한 사람이 몇이나 될까요. 자기 비난을 금기시하다 보니 오히려 자존감을 지켜내기가 여간 어려운 일이 아닙니다.

자기 존중은 조건을 두고 선택적으로 존중할지 존중하지 않을지를 결정하는 것이 아니라 어떤 모습이든 스스로를 이해하고 사랑으로 보듬으면서 조건 없이 받아들이는 것입니다. 그렇기에 '자기를 비난해서는 안 돼'라는 조건을 두는 순간 자기 존중에서 벗어나게 됩니다. 자기 비난이 일어나더라도 다시 한 번 스스로를 살피는 관대함이 바로 자기 존중입니다. 우리는 잘 해내길 원하고 성공하면서 성장하기를 바랍니다. 그러다 보면 뜻대로 되지 않은 날도 있고, 그럴 때는 당연히 속상하고 마음이 아픕니다. 자기 비난을 가만히 들여다보면 '잘 해내고 싶었어'라는 자신의 소망입니다. 즉 진정한 자기 존중은 스스로를 비난했다고 나무라거나 자존감 낮은 사람으로 평가하는 것이 아니라 그 마음의 깊은 곳을 헤아려 관대하고 너그러운 태도를 보이는 것입니다. 비난이 일고 있는 마음에 수용적인 태도로 다가가봅시다. 수용이란 '허용하기' 혹은 '허락하기'로, 지금 자신의 경험을 있는 그대로 받아들이는 것입니다.

온전한 자기 수용은 조건 없이 받아들이는 것입니다. 자신의 강점과 약점, 강인함과 취약함을 이해하고 자기 일부로서 기꺼이 허용해봅시다. 이 모두를 그대로 받아들였을 때 오히려 마음의 고통이 커지는 건 아닐지 수용에 대해 오해가 들 수 있습니다. 가만히 어린 시절을 떠올려봅시다. 화가 나고 울적할 때 누군가가 자신의 마음을 알아주면 이내 감정이 잦아들면서 진정되고 이해받고 있다는 느낌이 들 것입니다. 힘들어하는 자기 자신의 곁에 1미터 정도 거리를 두고 서 있는 모습을 상상해봅니다. 자신에게 무슨 말을 해주고 싶은가요. 이처럼 스스로를 자기 마음의 양육자라고 생각해보면 좋겠습니다. 아이를 사랑하듯 자기 자신을 조건 없이 그대로 받아들여봅시다. 온전한 자기 수용은 고통 속에서나 기쁨 속에서 '자신

과 함께 있는 것'입니다. 자기 존중은 여기서 시작됩니다. 이
것이야말로 진짜 자존감입니다.

나를 회복하는
마음의 힘

심리학자로서 그간 자존감에 관한 수많은 이론과 개념을 접했지만, 가끔 제 자신에게 자존감이 높은 사람인지 물으면 '글쎄, 잘 모르겠다'라는 생각이 듭니다. 어느 날은 자존감이 높은 듯하지만 또 어느 날은 그렇지만도 않습니다. 하지만 저는 자존감이 낮아질 때마다 바로 스스로 마음을 달래고 상처에서 회복하도록 잘 돌봐줍니다. 그러다 보니 회복 탄력성 resilience이 비교적 좋은 편입니다. 평소 자존감을 유지하기 위해 신경을 쓰기보다는 자존감에 대한 회복 탄력성에 마음을 기울이기에 세상과 사람 일에 오히려 상처를 덜 받는 것 같습니다. 주로 고통을 회복하는 데 초점을 두기 때문에 주변에서 시끄러운 일이 일어나더라도 '어떻게 해결해나갈까'를 두고

고민할 뿐 '나는 왜 이럴까?' '왜 내게 이런 일이 일어났을까?'
에 몰두하며 에너지를 쏟지는 않습니다.

　우리는 늘 심리적 안녕감을 유지하기 위해 많은 관심과 노
력을 기울입니다. 이는 행복한 삶에 대한 욕구에서 비롯됩니
다. 주관적 안녕감subjective well-being은 지극히 개인적인 느낌이
기에 여러 사람이 같은 경험을 해도 심리적 건강의 수준은 저
마다 다릅니다. 고통에 대한 인식도 이와 같아서 누군가에게
는 고난과 역경이 견디기 힘든 괴로움으로 다가오기도 하고,
다른 누군가에게는 자기 성장을 돕는 의미 있는 기회가 되기
도 합니다.

　자존감 역시 상황에 따라 달라지는 유동적인 측면이 있습
니다. 가령 칭찬이나 격려, 수용을 받으면 자존감이 높아지
지만, 반대로 타인으로부터 모욕이나 거부, 비난을 받으면 자
존감이 떨어집니다. 심리학에서는 이를 상태 자존감state self-
esteem이라 합니다. 상태라는 말은 상황 또는 환경을 뜻합니다.
자존감이 조건에 따라 변화될 수 있다는 것입니다. 참 다행입
니다. 만일 심리학 전반이 자존감의 중요성만을 강조했다면
숨이 막힐 테니까요. 클리닉에 방문한 내담자들에게 더 자주
전하는 말은 자존감이 아니라 '자기 조절 self-regulation'과 '회복

탄력성입니다. 심리 치료를 하는 동안 내담자에게 긍정적인 마음의 중요성만을 강조하면 오히려 역효과가 일어납니다.

사실 우리가 주로 느끼는 감정은 우울, 불안, 걱정과 같은 것이지 행복, 즐거움, 기쁨과 같은 것이 아닙니다. 따라서 원치 않는 감정의 강도를 조절하는 데 더 초점을 둬야 고통에 대한 감내 능력이 높아지고 심리적 유연성도 좋아집니다. 자존감도 마찬가지입니다. 자존감은 상황에 따라 변할 수 있기에 자존감을 유지하는 데 애쓰기보다는 심리적 회복력을 키우기 위해 마음을 쓰는 것이 좋습니다. 늘 스스로에게 '자존감이 낮아지면 안 돼' 혹은 '자존감은 항상 높아야 해'라고 다짐한다면 오히려 변화에 대한 대처 능력이 떨어질 수 있습니다. 자존감이 낮은 사람이 상처나 고통에 취약한 것이 아니라 회복 탄력성이 낮을 때 문제가 생깁니다. 그러니 우리는 자존감 수준에 대한 심리적 허용치를 넓힐 필요가 있습니다. 그런 다음 어떻게 자신을 도와주면 좋을지 생각해야 합니다. 자기 존중감은 자기 돌봄의 치유력이 있어야 잘 유지되는 것이기 때문입니다. 절망과 분노, 두려움을 느낄 때마다 그 마음을 이해하고 수용할 때 우리는 비로소 심리적인 안정감을 느끼게 됩니다. 자기 존중은 자기 마음 안에서 치유의 힘을 발휘할 때 유지되는 것입니다. 자신을 향한 자책과 비난은 심리적인 위축과 무기력을 초래할 뿐 아무런 도움이 되지 않습니다.

우울증을 치료하기 위해 클리닉에 내원한 한 내담자는 여러 번 대인관계에서 상처와 배신을 겪은 뒤 분노와 수치감이 큰 상태였습니다. 이전에는 그렇지 않았는데 "사람들이 두렵고 앞으로 일어날 모든 일에 자신이 없어요"라며 당시의 기억이 떠올라 고통스럽다고 했습니다. 그중에서도 특히 자신의 대처에 대해 스스로 비난하며 '무기력하고 취약한 사람'으로 여겼으며, 낮아진 자존감을 회복하고 싶어했습니다.

평소 의지하던 사람이나 믿었던 사람이 준 배신감은 큰 절망과 충격으로 다가올 수밖에 없습니다. 자칫 주변 사람들까지 믿지 못하게 되고 의심과 경계로 인해 일상이 무척이나 괴로워집니다. 이때 정서적인 지지와 안정을 줄 수 있는 가까운 사람이 있다면 치료 경과에 긍정적인 영향을 줄 수 있습니다. 이들의 존재는 심리적인 안전망과 같은 기능을 하며 세상과 사람 전반에 대한 불신을 거두는 데 도움을 줍니다. 다만 모든 내담자가 가까운 사람들로부터 보호받는 것은 아닙니다. 또한 우울한 기분 상태가 지속되고 자기 비난이 커지게 되면 주변의 지지에도 불구하고 회복이 더디게 이뤄집니다.

앞선 내담자의 경우, 치료할 때 가장 신경 쓴 부분이 자기 비난이었습니다. 인지가 변화할 수 있도록 돕는 치료를 통해 부정적인 자기 평가를 수정하게 되면서 진전을 보이기 시작했고, 결정적으로 자기 감정을 수용하고 슬픔을 위로하는 방식의 치료를 받는 동안 빠른 심리적 회복을 보였습니다. 내담자는 수시로 "그건 나의 잘못이 아니야. 괜찮아"라는 말로 스스로에게 힘과 용기를 불어넣었고, 감정에 휩쓸릴 때마다 자애로운 마음으로 자신을 돌보는 연습을 지속했습니다. 이처럼 '자기 수용'은 삶을 지탱해주는 강력한 치유의 힘이 되고, 세상의 가장 안전한 피난처가 자기 자신임을 일깨워주는 의미 있는 계기가 됩니다.

상처를
되새김질 하는 습관

우리 마음에는 자동적이고 불수의적으로 떠오르는 '자동적 사고automatic thinking'라는 사고의 흐름이 있습니다. 자동적 사고는 특정 상황에서 무의식적으로 떠오르는 생각이나 이미지를 가리키는데, 가령 중요한 면접을 앞두고 '난 잘 해내지 못할 거야' '결국 떨어지게 될 거야'라는 생각이 떠올랐다면 자동적 사고가 일어난 것입니다. 자동적 사고는 모두가 흔히 경험하지만, 일상적인 생활을 하는 대부분의 시간에는 이를 인식하지 못하는 경우가 많습니다. 주의를 기울이기 전까지는 깨닫지 못한 채 불안이나 슬픔, 초조함이나 당혹스러움 등으로 느끼게 됩니다.

특히 개인 문제와 관련된 자동적 사고는 그 내용이나 의미에 따라 강렬한 감정을 일으키기도 해서 심사숙고할 여지없이 즉각 사실로 받아들이게 됩니다. '자동적'이라는 용어에서 알 수 있듯이 이 생각은 빠르게 스친다는 특징이 있지만, 의식 내에서 일어나는 과정이기에 신경을 쓰면 그 내용을 어렵지 않게 파악할 수 있습니다. 즉 자기 감정에 초점을 맞추고 마음속에 떠오르는 생각을 관찰하다 보면 미처 알지 못했던 생각의 내용을 알아차리게 되는 것입니다. 자동적 사고의 내용이 주로 부정적인 의미를 담고 있다면 특정한 감정에 자주 휩쓸리게 되거나 공격적인 행동으로 감정이 표출될 수 있기 때문에 행동을 통제하는 데 어려움이 생길 수 있습니다.

특정 감정과 관련된 부정적인 자동적 사고에는 자기 가치에 영향을 미치는 비난의 내용이 주를 이루기에 적절한 활력이나 동기를 유지하기 어렵습니다. 스스로를 향한 비난이 커질수록 슬픈 감정과 가라앉는 기분은 더욱 깊어져 결국 어떤 일도 해낼 수 없을 듯한 느낌에 빠지며 대부분의 시간을 정체된 채 지내게 됩니다. 특히 이때 내면의 목소리는 '분명 실패하게 될 거야' '결국 원하는 대로 안 될 거야' '나는 무능해' 등의 부정적인 말로 채워져 있기 때문에 새로운 도전을 시작하는 데 어려움을 겪습니다.

부정적 사고가 들더라도 이 생각에 빠져 비참한 기분으로 그 내용을 반복적으로 들여다보지 말아야 합니다. 이를 반추적 사고라고 하는데, 같은 주제에서 벗어나지 못한 채 특정한 의미를 추론하는 사고 과정을 가리킵니다. 우리가 스트레스를 다루는 가장 흔한 방식은 사건에 대해 전반적으로 분석하는 것입니다. 왜 그런 상황이 되었는지, 어디서부터 잘못된 것인지 곰곰이 생각하며 궁금증이 풀릴 때까지 몰두하곤 합니다. 이렇게 탐색하는 동안 부정적인 사건에 오래도록 머물다 보면 감정적으로 더욱 예민해지거나 울적해질 수 있습니다. 그렇게 되면 상황을 객관적으로 보기 어렵고, 감정은 깊어져서 이전보다 더욱 감당하기 어렵습니다.

부정적인 사고를 다루기 위해서는 자주 떠오르는 생각의 내용이 스스로에게 도움이 되는지 살펴봐야 합니다. 부정적인 사고는 대개 감정을 통해서 드러나기에 처음에는 강렬한 감정만 포착될 뿐 생각의 내용을 파악하는 일이 쉽지 않습니다. 그렇다면 직접적으로 감정에 초점을 두고 '과연 지금 이 감정이 나에게 도움이 되는지' 질문을 해봅니다. 감정적인 자기 반응이 대인관계, 일, 원하는 자신의 모습과 일치하는지 살펴보는 것입니다. 만일 이 질문에 '아니다'라는 답변을 하게 된다면 그동안 익숙하던 모든 방식을 멈추고 새로운 방법을 찾도록 합니다. 오랫동안 되풀이된 자기 방식은 이미 낡은 습관이 되어 자신에게 도움이 되지 않을 것입니다. 새로운 방법을 시도하기 위해서는 의지와 용기가 필요합니다. 습관이 된 방식을 전환하는 일은 마음먹은 대로 쉽게 이뤄지지 않기도 합니다. 실제 클리닉의 많은 내담자와 이와 같은 작업을 하는데, 개인마다 차이가 있기는 하지만 대개 8주~10주 정도 기간에 걸친 연습이 필요합니다. 하지만 변화 동기가 높은 경우 4주 내외로 생각의 관점이나 감정 처리, 행동의 변화가 일어나기도 합니다.

반추적 사고를 다루기 위해서는 우선 대안이 될 만한 다른 생각을 떠올린 후 시작합니다. 새로운 대안적인 사고를 기존의 사고에 덧입힐 때는 자신이 그 생각을 지지해야 합니다. 새로운 생각에 확신이 부족하면 이전의 생각이 다시 우위를 점하게 됩니다. 새로운 생각이 잘 떠오르지 않는다면 주변 사람들에게 같은 상황일 때 어떻게 해결할 것인지 물어보고 여러 관점을 두루 얻어 참고하도록 합니다. 다만 이때 자신과 유사한 관점을 지닌 사람은 제외하는 것이 좋습니다. 대안적 사고를 넓히기보다 기존의 자기 신념만 더욱 확고해질 수 있기 때문입니다. 다양한 사람의 관점을 듣는 것은 여러 책이나 자료를 참조하는 것과 같습니다. 그리고 그들이 왜 그렇게 생각하고, 어떻게 그런 관점으로 보게 되었는지 실증적인 증거를 함께 물어봅니다. 다른 사람들이 어떻게 정보를 처리하고 사안을 바라보는지 그 방식을 배우는 것은 사고의 효율성을 키우는 데 도움이 됩니다.

　나아가 생각이나 감정을 다루기 위한 작업에 섣불리 나서기보다는 당분간 일상의 긍정적인 사건에 주의를 기울이는 연습을 해봅니다. 사소한 일이라도 기분 좋은 장면이나 대화, 좋아하는 음식이나 음악, 사랑하는 사람의 웃는 표정, 햇살과 바람, 선호하는 향기, 소품, 반려동물과의 교감, 아이와의 눈맞춤 등 자기 자신을 행복하게 하는 모든 순간에 몰두해봅니다. 이는 심리적 균형을 유지하는 데 도움이 될 뿐만 아니라 기존의 부정적인 사건에 주의를 집중하던 인지적 편향에서 벗어나는 데 효과적입니다.

#내 삶의 의미를
발견하는 사람

　　　　　오랜 시간 임상심리학자로서 병원과 클리닉
을 오가며 많은 내담자를 만나 수많은 사연을 함께했습니다.
심리 치료 장면은 내담자의 고통에 초대되는 각별한 순간인
만큼 그에 임하는 마음가짐도 남다릅니다. 치료자와 내담자,
우리는 서로 하나가 되어 실존의 고통을 넘어야 하기에 심리
치료의 매 순간이 절박하고 숭고합니다.

　우울증으로 인해 오랫동안 심리 치료를 받던 한 내담자가
최근 대학원 준비를 차분히 해내어 최종 합격했다는 소식을
전해주었습니다. 수화기 너머로 행복이 고스란히 느껴졌고,
서로를 믿고 여기까지 온 모든 순간이 떠올라 애틋하고 대견
했습니다. 합격 소식과 함께 "선생님이 가장 좋아해주실 것 같

았어요"라는 말을 건네니 더욱 고마웠습니다. 처음 치료실에 내원했을 당시 내담자는 스스로에 대해 무가치하다는 평가, 관계에서 오는 외로움, 가족 안에서의 슬픔, 전공과 진로에 대한 고민으로 인해 무척 힘든 상태였습니다. 우울증 진단을 받고 약물 치료와 심리 치료가 병행되었습니다. 치료를 받으면서도 수시로 "왜 살아야만 하나요" "사는 게 의미가 없습니다"라며 모든 치료에 회의적이었습니다. 그럼에도 삶에서 중요하게 여기는 가치를 찾고, 나아가 고통스러운 일에서도 의미를 재발견해가는 작업을 하면서 희망을 보기 시작했고, 6개월간의 심리 치료를 마치고 대학원에 진학했습니다. 자신과 삶에 대한 무의미성이 의미로 바뀌는 순간 삶의 탄력성이 회복된 것입니다.

얼마 전엔 클리닉을 찾은 초등학교 4학년 학생이 진지한 표정으로 이런 질문을 했습니다. "선생님, 왜 자기를 사랑해야 해요?"라고 말입니다. 사실 사랑, 행복 그리고 삶에 관한 실존적인 탐구는 심리 치료를 하는 동안 다양한 방식으로 이뤄집니다. 삶의 고통에 대한 인식과 자기 수용은 치료의 좋은 방향이 됩니다. 그런데 나이가 어린 내담자가 눈물을 글썽이며 자신을 사랑해야 하는 이유를 물으니 무척 마음이 아팠습니다.

질문을 던진 후 아이는 "엄마도 선생님도 다 저한테 자기 자신을 사랑하라고 하는데, 나를 사랑한다는 게 어떤 건지 모르겠어요"라며 이내 울음을 터뜨렸습니다. 그 순간 어린 내담자에게 스스로를 사랑하는 마음과 그 느낌을 어떻게 설명해야 좋을지 고심하다가 직접 경험해보는 것이 조금이라도 도움이 되겠다는 생각이 들었습니다.

> 치료자　혜인아(가명). 선생님이 지금부터 혜인이가 자기 마음과 함께 있는 시간을 만들어볼 거야. 같이 해볼 수 있겠니?
>
> 내담자　네…….

이제 아이와의 시간이 시작됩니다.

진지하게 치료자의 표정과 말 하나하나에 집중하는 아이의 등을 쓰다듬으며 긴장을 풀어줍니다.

> 치료자　이제부터 잠시 눈을 감고, 양손을 가슴에 포개어 혜인이를 감싸 안듯이 있을 거야. 괜찮겠니?
>
> 내담자　네… 괜찮아요.

치료자	그래. 이제 선생님이 천천히 혜인이가 집중할 수 있게 도와줄 거야. 그러면 가만히 느껴보도록 하자.
내담자	네…….
치료자	지금 혜인이 마음이 어떤지 말해줄 수 있을까?
내담자	네… 조금 답답해요…….
치료자	답답한 마음이 드는구나. 혹시 지금 떠오르는 생각이 있니?
내담자	친구들이요……. 그리고 엄마가 화난 모습이 생각나요.

(치료자와 함께 서너 번 호흡으로 이완한 후)

치료자	지금 가슴 위에 얹은 손을 혜인이가 응원받고 싶은 누군가의 따뜻한 손이라고 생각해볼 수 있을까?
내담자	네…….
치료자	누가 떠오르니?
내담자	초등학교 1학년 때 선생님이요.
치료자	선생님의 모습을 계속 떠올려보자. 선생님이 웃고 계신 모습도 생각해볼까?
내담자	네…….
치료자	지금 마음이 어때?
내담자	좋아요. 선생님이 옆에 있는 것 같아요.

치료자	선생님이 혜인이를 응원하는 말씀을 해주실 거야. 그럼 선생님의 얼굴을 떠올려보면서 그 말씀에 가만히 귀 기울여보자.
내담자	…….
치료자	선생님이 혜인이에게 어떤 이야기를 해주셨니?
내담자	웃으시면서… 머리를 쓰다듬어 주셨어요… 응원한다고…….
치료자	이제 혜인이가 선생님이 말씀한 것처럼 자신에게도 힘내라고 말해줄 수 있을까?
내담자	네…….
	(치료자와 함께 여러 번 소리 내어 자기 격려를 읊조린다.)
내담자	혜인아 힘내… 혜인아 힘내.

혜인이는 초등학교 1학년 때 운동장에서 놀다가 발목을 다쳤다고 합니다. 당시 담임 선생님이 다리를 다친 아이를 무척 걱정하며 위로했고, 그 따뜻했던 기억이 아이에게 남아 위안이 된 듯합니다. 심리 치료를 마친 후 느낌을 묻자 아이는 "나를 사랑한다는 것이 뭔지 조금은 알 것 같아요"라고 대답했습니다. 그리고 "선생님도 선생님을 많이 사랑해주세요"라는 말

을 덧붙였습니다. 그 말을 듣는 순간 대견하기도 하고 참 고마웠습니다. 아이는 마음의 온도를 되찾게 된 듯했습니다. 오래전 사랑받은 기억이 아이의 마음에 온기를 더한 것입니다.

　살아가면서 어느 날, 삶의 의미로 다가오는 것에 대해 명료하게 깨닫고 나면 가능성의 문이 열립니다. 자신이 의미 있다고 여기는 것에 다가가고, 그 경험을 충분히 느껴보는 것만으로도 자기 존재의 가치와 삶의 가치는 충만해지는 듯합니다. 지금 당신은 무엇에 의미를 두겠습니까. 하루를 시작할 때마다 생각해보고 그 순간을 충분히 즐기길 바랍니다.

슬픔을
잘 맞이하는 방법

       부정적인 생활 사건이 발생하면 정신적 고통과 괴로움에 빠지면서 아무것도 할 수 없다는 느낌이 듭니다. 저조한 기분 상태가 지속되면 일상의 흥미나 동기가 저하되고 절망감이나 무가치감과 같은 우울 증상이 서서히 나타납니다. 특히 부정적인 주제나 생각에 몰두하게 되면 자신에게 일어난 일의 원인을 스스로의 탓으로 돌리며 자책하거나 후회하는 일이 잦아집니다. 자신의 선택이나 실수에 대해 스스로를 비난하며 '나는 무가치하다' '나는 무능력하다' '나는 어리석다'와 같이 부정적인 자기 판단을 내리며 더욱 강렬하고 슬픈 기분 상태가 지속됩니다. 이후에는 작은 기분 변화에도 부정적인 사고로 쉽게 이어지고, 다른 사람의 사소한 말과 행동에도 영향을 받으며 자존감이 약해집니다.

'자존감 손상'에 관한 인식은 침울한 기분 상태에서 흔히 나타납니다. 그러다 보니 기분이 저조한 날은 더욱 부정적으로 자신을 보게 됩니다. 스스로에 대한 부정적인 믿음이 되풀이되면서 우울한 기분이 이어지는 동안 떠오른 생각을 그대로 믿어버리게 되고 이로 인해 자존감은 더욱 낮아집니다. 우울한 기분 상태에서는 자신이나 미래, 세상에 대해 부정적으로 생각하게 됩니다. '나는 실패자다', '미래에 희망이 없다', '세상 누구도 믿을 수 없다' 등의 생각으로 의욕과 동기가 떨어집니다.

힘든 일을 겪거나 역경에 부딪히면 누구나 일정 수준의 마음의 고통을 겪습니다. 특히 실수나 실패, 거부나 좌절, 절망스러운 일을 겪으면 쉽게 우울해집니다. 다만 이때 우울한 감정 자체를 두려워하거나 부정적인 감정으로 여기면서 회피하고자 한다면 더욱 극복하기 어렵습니다. 오히려 우울한 감정을 느끼는 자기 마음을 잘 헤아려주고, 그 감정의 강도를 줄이기 위해 노력할 때 좀더 효율적으로 증상을 다룰 수 있습니다. 또한 우울증의 주된 증상에 대해 이해하고, 자신과 증상을 분리한다면 자기 문제로 여겼던 부정적인 인식을 전환할 수 있어 더욱 도움이 됩니다. 이는 심리 치료 장면에서도 치료 경과의 중요한 측면으로 작용합니다. 클리닉에 온 내담자들은 우울 증상의 주된 특징에 관한 설명을 듣고 난 다음 자신에게 향했던 비난과 자책이 사실은 자기 잘못이 아님을 이해하게 되면서 치료 동기가 증진되곤 합니다.

우울은 대개 절망적 사건을 겪고 난 후 시작됩니다. 특히 우리가 주의해야 할 점은 모든 일의 원인을 자신에게 돌리는 우울증의 전형적인 사고 양식입니다. 사건의 원인을 전반적으로 검토하기보다는 '자기 탓'으로 여기다 보니 더욱 깊은 우울감이 찾아오는 것입니다. 심리 치료를 받는 동안에도 내담자들은 "모두 내 탓이에요" "저만 없으면 우리 가족이 행복할 거예요" "항상 제가 문제예요"라며 다른 사람이나 상황, 주변의 조건 등을 고려하지 않습니다. 이를 내부 귀인이라고 합니다. 모든 원인을 자기 자신에게 돌린다는 뜻입니다. 어떤 사건이 일어나면 그 상황의 다양한 측면을 객관적으로 보려 노력할 필요가 있습니다. 어떤 일이든 단 한 가지 원인은 없습니다. 이를 외면한 채 온통 자기 탓만 한다면 자신감도, 자존감도 온전하게 유지될 수 없습니다.

또한 평소 자신이 어떤 상황에서 기분이 저조해지는지 살펴보면 좋습니다. 이는 자기 기분을 이해하는 데 좋은 정보가 됩니다. 기분의 원인을 잘 모르면 더욱 막연하게 느껴질 수 있습니다. 이때는 관찰 기록지를 준비해서 실제 경험 위주로 자기 마음을 살펴봅니다. 우울증의 증상 가운데 인지 오류의 하나인 '임의적 추론'이 있습니다. 이는 사실보다는 주관적 추론에 근거해서 판단하는 것을 가리킵니다. 그러다 보니 실질적인 사실보다 상황을 더 심각하게 여기거나 자기 자신이 불행하다고 느낍니다. 관찰 기록지를 활용해 경험에 기반한 기록을 작성하면 객관적인 자기 이해에 도움이 됩니다. 나아가 자기 감정에 대한 너그러운 수용을 연습해봅니다. 감정을 이해해주고 비난하지 않으며, 그 감정을 따뜻한 말로 다독여봅니다. 만일 어떤 말을 해야 좋을지 몰라서 어렵게만 느껴진다면 평소 자신이 좋아하는 글이나 위로를 받은 문장으로 시작해도 좋습니다. 우울한 마음에는 위로가 필요합니다. 주변의 가까운 사람이 도움을 주면 좋겠지만, 자기 마음을 가장 잘 아는 사람은 바로 자신일 테니 스스로에게 먼저 다가가보길 바랍니다. 잠들기 전에 오늘 하루가 어땠는지 스스로에게 안부를 물어보고, 아침에 일어나서 좋아하는 차나 음식, 음악을 자신에게 선물해봅시다. 나아가 주변 사람들과 만나 걱정거리를 나누기보다는 기분이 나아지는 소소한 대화를 하고, 가까운 사람들에게 고마움이나 감사를 전하며 힘든 순간에 함께할 만한 마음을 서로 나눠봅니다.

우울은 마음의 감기와도 같다고 합니다. 과연 그럴까요. 언제든 찾아오고 또 떠나간다는 점에서는 그렇습니다. 심리학을 전공하고 심리 치료 클리닉을 운영하는 저도 자주 우울 증상을 느끼고 그때마다 앞서 언급한 방법으로 마음 처방을 합니다. 그리고 2주간 이를 열심히 실천합니다. 여러분도 우울을 지나가는 손님처럼 잘 맞이하길 바랍니다. 그리고 잘 보내주면 좋겠습니다.

시선으로부터
자유로울 수 없다면

        우리는 다른 사람의 시선에서 얼마나 자유로울 수 있을까요. 항상 어디서든 관계 속에 사람들과 지내야 하니 늘 신경 쓸 일이 많습니다. 다른 사람의 말과 행동에 무심할 수 있다면 좋겠지만 두려움이나 수치심, 분노 같은 감정에 사로잡힐 때는 마음을 가라앉히는 일이 쉽지 않습니다. 흔히 자존감이 높으면 타인의 말이나 행동에 상처받지 않는다고 생각합니다. 그러나 심리 검사를 해보면 외부의 스트레스로부터 자기 자신을 유지하는 에너지인 자아 강도 수준이나 대처 능력이 양호해도 우울 수준이 높은 경우가 있습니다. 강한 스트레스를 받았다면 자존감이 높더라도 정신적 안녕을 유지하기 어렵기 때문입니다. 이를 '반응성 우울증'이라고 합니다.

반응성 우울증은 특정 사건에 의한 반응으로 생기는 우울한 기분 상태를 말합니다. 이때 긍정적인 개인의 특성은 우울, 불안과 같은 증상의 회복력을 예측하는 요인이 되며, 실제로 해결 중심적인 단기 치료만으로 치료 종결이 빠릅니다. 삶에서 예측하기 어려운 여러 스트레스는 심리적 고통을 초래하지만 평소 가지고 있는 개인적 자원은 정서적 소진의 회복력을 높입니다. 따라서 우리는 언제든 상처를 받으면 우울해질 수 있고, 자책할 수 있고, 후회할 수 있음을 받아들이고 이에 심리적으로 유연해야 합니다. 이를 위해 마음이 괴롭더라도 스스로 건강하게 극복하겠다는 신념과 의지를 평소에 키워나가는 것이 좋습니다.

　타인을 의식하는 것은 사회적 존재로서 살아가는 우리에게 자연 발생적인 생존 본능과도 같습니다. 그러므로 우리는 다른 사람의 사소한 말이라도 곱씹게 되고 심한 경우 잠을 이루지 못하기도 합니다. 다른 사람에게 자기 모습을 드러내거나 감정을 편히 표현하는 일은 말처럼 쉬운 게 아닙니다. 우리에게는 자의식이 있기에 남이 보는 나의 모습을 신경 쓰곤 합니다. 더욱이 과거에 친밀한 관계로부터 거부당하거나 자주 거절당한 기억이 있다면 타인 의식은 더욱 민감해집니다. 이 경우 과거의 경험으로 인해 현재의 주변 사람들도 같은 방식으로 자신을 대할 것이라는 신념으로 이어집니다. '거절에 대한 두려움'이 생기기 때문에 특정할 만한 사건이 없어도 사소한 타인의 말과 행동을 과거와 같은 시그널로 여기게 됩니다. 심지어 평소 주위 사람들과 원만한 관계를 유지하고 있을지라도 마음속에는 '이 사람들도 결국 날 떠날 것'이라는 불안과 두려움이 자리하고 있습니다. 이로 인해 상대에게 불만이 있거나 상처를 받아도 쉽게 속마음을 말하지 못하고 참고 견디는 경우가 많습니다.

대인관계 불안으로 인해 클리닉을 찾은 내담자의 경우 평소 업무 능력이 좋고 일에 대한 자부심도 크다고 했습니다. 그런데 연애를 하면 늘 상대에게 집착하거나 의존하게 되고 마음속으로 늘 '언젠가 떠날 사람'이라는 생각이 들어서 불안하다고 고민을 털어놓았습니다. 내담자는 혼자 남는 것에 대한 두려움이 컸고, 실제 인간관계에서 여러 번 상실감을 겪다 보니 더욱 집착과 의존이 커진 상태였습니다. 심리 치료를 통해 불안을 유발하는 대인관계 신념을 다뤘고, 실제로 주변의 관계가 자신의 생각과는 달리 별 문제가 일어나고 있지 않다는 것을 확인하는 작업을 거쳤습니다. 이제 내담자는 과거의 사건보다는 현재 중심적으로 주변과의 관계에서 의미를 찾아가고, 자기를 존중하며 수용적으로 스스로를 돌보는 내면 공간을 넓히고 있습니다.

관계를 맺으며 부정적인 평가를 받는 것에 대한 두려움이 크다 보면 자칫 의존적이거나 순응적인 관계로 발전하기도 합니다. 이때는 자기 표현이 더욱 억제되고 타인의 욕구에 맞추게 되니 늘 정서적 교감에서 갈등을 느낍니다. 이렇듯 관계 욕구가 억제된 내담자에게는 자기 표현 훈련이 다른 치료와 병행됩니다. 다른 사람에게 자신의 감정과 생각을 효율적으로 표현하는 기본적인 훈련만으로도 자존감이 개선되고 정서적 억압에서 벗어나기 때문입니다. 대인관계 효율성을 높이기 위해서는 몇 가지 검토해야 할 점이 있습니다. 먼저 대인관계 신념을 살펴봅니다. 흔히 다른 사람에게 자기 표현을 하고 난 다음에는 그 결과를 부정적으로 예측하곤 합니다. 그러다 보니 대개는 다른 사람의 뜻에 따라 행동하게 됩니다. 그런 경우 대인관계 신념을 탐색해보면 자기 억제를 일으키는 주된 생각을 확인할 수 있기에 도움이 됩니다.

타인 의식이 높은 경우, 의사소통을 할 때 사람들의 시선이 자신에게 집중되는 상황을 크게 부담스럽게 느끼게 됩니다.

따라서 대화의 관점을 바꾸거나 의사소통 방식에 변화를 주는 것이 좋습니다. 평소 상대방이 나를 어떻게 볼 것인가에 초점을 두기 때문에 '다른 사람이 나를 보고 있다'는 신념으로 위축됩니다. 이를 자기 자신이 관점의 주체가 되어 '내가 상대를 바라보고 있다'는 식으로 전환해봅니다. 관찰자 시선으로 전환하는 것만으로도 심리적 압박감을 덜 수 있습니다. 관찰자적 조망으로 초점을 상대방에게 둔 채 말의 내용에 주의를 두고 경청해봅니다. 이렇게 주의를 내부에서 외부로 전환하는 것만으로도 마음이 한결 가벼워질 것입니다.

다음으로 자기 생각이나 감정, 욕구를 표현하기 위한 '나 메시지'를 연습해봅니다. 이 표현 방법은 자연스럽게 자신의 마음을 전달할 수 있기에 유용합니다. 감정 억제가 잦으면 다른 사람이 내 마음을 추측해서 생각할 수밖에 없기 때문에 괜한 오해를 불러일으킬 수 있습니다. 흔히 우리가 다른 사람의 마음을 잘 모를 때는 짐작하듯이 타인도 나를 같은 방식으로 판단해버리곤 하고, 이로 인해 원치 않는 갈등 상황이 일어날 수 있습니다. 자기 마음을 적절히 표현하지 않으면 상대방은 알길이 없습니다. 또한 상대방이 무례한 행동을 할 때 자신의 심리적 허용 범위가 넓으면 같은 상황이 반복되며 지속될 수 있습니다. 자기 보호를 위한 시그널이 있어야 합니다.

'나 메시지'로 마음을 표현하기 위해서는 '나는~'으로 시작하는 대화에 초점을 둡니다. '너는 ~하다'에서 '나는 ~해'라고 표현하기에 공격적이거나 감정적이지 않은 대화를 할 수 있습니다. 다만 여기서 주의할 점은 '나 메시지'는 자기 감정이나 욕구를 효율적으로 표현하기 위한 것이니 결과에 연연하지 않도록 합니다. 그리고 대인관계에서 자신이 감당하기 어려운 상황에 처했을 때 부드럽게 거절하는 연습을 하도록 합니다. 거절에도 연습이 필요합니다. 한 내담자의 경우 직장 동료가 점심을 먹고 나면 한참 자기 고민을 털어놓는다고 했습니다. 처음에는 잘 들어주었으나 퇴근 후에도 고민 상담이 이어져 이를 거절하고 싶은데 잘하지 못해 어려움을 겪는다고 했습니다. 내담자는 상대방이 상처받지 않을까 걱정하고 있었습니다. 이 경우 '만일 ~하면 어떡하지'라는 신념이 영향을 주는 경우가 많습니다. 걱정을 유발하는 신념이 크면 자기 표현이 억제됩니다. 내담자는 심리 치료를 하면서 자기 표현 훈련을 하고 과도한 염려를 줄여나갔습니다. 지금은 동료에게 수월하게 자기 생각이나 감정을 표현하고, 간혹 동료와 이야기할 때도 일방적으로 경청하기보다는 상대를 격려하고 응원하는 말로 마무리하며 잘 대처해가고 있다고 합니다. 이렇듯 대인관계 효율성을 증진하고 자신감이나 자존감을 향상하는 데 자기 표현 기술을 배우는 것은 중요한 과정입니다. 자신의 감정과 욕구를 표현하는 것 자체가 이미 자기 존중이기 때문입니다.

효과적인 자기 표현을 위한 지침

첫째, 분명하고 간결하게 말하는 연습입니다. 모호하거나 장황하게 말하지 말고 머뭇거리며 주저하지 않도록 합니다.

둘째, '나는'이라고 말하며 1인칭을 유지합니다. 그리고 솔직하게 자신이 생각이나 느낌을 이야기합니다. 자기 표현을 할 때는 있는 그대로 하는 것이 좋습니다.

셋째, 타인에게 무엇을 요청할 때는 자신이 관찰한 그대로의 상황을 기술하고, 원하는 바를 '~을 검토해줄 수 있을까' '~을 부탁해도 될까요' '~을 도와줄 수 있으세요' 등 청유형으로 말합니다.

넷째, 자신의 요구가 받아들여지지 않는다면 상대방에게 대안을 요청합니다. 가령 "다른 어떤 대안이 있을까요?"라고 물으며 자신과 상대방이 함께 문제를 해결하도록 합니다.

다섯째, 상대방에게 심리적 보상을 되돌려줍니다. 만일 요구가 받아들여질 때 상대로 인해 어떤 긍정적인 감정이 생기는지 알려줍니다. "당신이 요청을 들어주면 내 마음이 ~할 것 같아요"라고 합니다. 심리적 보상을 안내하면 자기 자신과 상대방 모두 의미를 나눌 수 있게 됩니다. "이 제안이 진행되면 너무 든든할 것 같습니다" 혹은 "늦지 않게 시간 맞춰 오면 마음이 정말 편안할 것 같아"라는 식으로 말해줍니다.

여섯째, 자기 표현을 할 때는 비언어적인 메시지에도 신경을 씁니다. 가급적 상대와 눈을 맞추고, 평소보다 목소리 톤을 높이고, 말 끝을 흐리지 말고, 표정을 부드럽게 합니다.

어제 울었어도
     오늘을 산다는 것

우리 마음은 사소한 단서에도 과거의 기억에 사로잡히곤 합니다. 우연히 노래 가사를 듣다가도, 음식을 먹다가도, 향기를 맡으면서도, 영화의 한 장면을 보면서도 잊고 있던 지난 기억이 소환됩니다. 문득 일상에서 큰 슬픔이나 분노, 불안이나 두려움을 느낀 날에는 유사한 과거 경험이 떠올라 마음이 더욱 괴롭습니다. 대개 과거의 기억은 행복하거나 즐거웠던 일보다는 후회나 아쉬움, 실수나 실패로 남은 일인 경우가 많습니다. 아무래도 만족보다는 결핍을 느낀 경험이 심중心中에 더욱 남습니다. 지난 일을 통해 삶의 지혜나 통찰을 얻으면 더할 나위 없겠지만, 자신을 비난하거나 자책하며 과거로부터 빠져나오지 못한다면 오히려 괴로움만 가중될 뿐입니다.

　과거의 경험을 부정적으로만 평가하면 자신감이 낮아지고 위축되기 마련이기에 일상에서 할 수 있는 일보다 할 수 없는 일이 늘어납니다. 이렇게 경험이 점차 제한되면 새로운 생각이나 관점을 얻을 기회까지 잃게 되면서 늘 부정적인 생각 속에 갇혀 지내게 됩니다. 삶이 달라지지 않는 것이 아니라 자기 인식이 변화되지 않기에 일어나는 악순환입니다. 그러므로 자신에게 새로운 변화의 기회를 줘야 합니다. 그리고 같은 문제가 일어나지 않도록 기꺼이 노력할 수 있어야 합니다.

　우리는 얼마든지 스스로에게 좋은 기회를 줄 수 있습니다. 기회는 외부에서 오는 것이 아니라 내가 찾아 나설 때 그 순간부터 기회가 됩니다. 비록 작은 시도라도, 사소한 변화일지라도 스스로 마음을 바꾼 그 순간 삶의 조건이 함께 변화될 수 있습니다. 모든 것은 자기 자신으로부터 시작됩니다. 지난 경험이 자신에게 의미 있는 삶을 향해 나아가는 새로운 기회를 제공하는 계기라고 생각해봅시다. 자기 자신에게 도움이 되지 않는 부정적인 생각에 더 이상 붙들리지 말아야 합니다.

　미래를 생각하면 걱정이 앞서고 두려울 수도 있습니다. 미래에 대한 불안은 지극히 자연스러운 일입니다. 그러나 지나치면 불안이 곧 자기 자신이 되어버립니다. 불안한 마음이 일어날 때마다 스스로에게 용기를 불어넣도록 합시다. 많은 이가 "미래를 알 수 없어서 불안해요"라고 말합니다. 그렇습니다. 미래는 알 수 없습니다. 그러니 낙관성을 키우고 자신에게 기운을 북돋아줍시다. 알지 못하는 미래에 대해 굳이 부정적인 자기 예언을 할 필요가 있을까요. 부정적인 자기 예언에 빠지게 되면 일상에서도 그와 관련된 단서에만 주의를 기울이게 됩니다. 그리고는 "거봐, 내 예측이 맞았어. 나는 안 될 줄 알았다고"라며 미래에 대한 확신을 더욱 확고하게 합니다. 문제는 이런 자기 확신이 부정적인 신념만 키운다는 것입니다. 결코 무엇 하나 도움이 되지 않습니다.

얼마 전 클리닉에 온 내담자는 "청소년기 내내 외톨이였어요. 친구들과 잘 어울리고 싶었는데, 무리에서 몇 번 거절당하고 나니 두려웠어요"라며 지금도 가끔 그때를 생각하면 마음이 무겁다고 했습니다. 만일 그때로 돌아가면 어떻게 지내고 싶은지 묻자 "눈치 보지 않고 좀더 적극적으로 친구들에게 다가가고 싶어요. 스스로에게 용기를 주면서 자신감 있게 지내고 싶어요"라고 답했습니다. 청소년기를 지나 지금은 직장에서 사람들과 잘 지내고 있다고 했지만, 누군가가 과거의 일을 알게 될까 봐 두렵다고 했습니다. 그 이유를 묻자 "제가 무슨 문제가 있는 사람처럼 볼까 봐 걱정돼요…"라고 말끝을 흐렸습니다. 내담자의 기억 속 사건이 현재까지 영향을 끼치고 있는 것입니다. 저는 치료자로서 이제는 그 경험을 직면할 필요가 있다고 판단했습니다. 설령 걱정하던 일이 실제로 일어나서 누군가 그때의 일을 언급하면 주눅 들지 말고 "그때는 힘들었다. 그랬다"라며 자신감 있게 대처하도록 했습니다. 스스로 두렵다고 여기는 부분을 드러내지 않으면 용기를 배울 수 없고, 현실을 있는 그대로 직면해야 다음 단계로 도약할 수 있습니다.

마음의 시야를
  넓히는 일

  우리에게는 저마다 삶의 원칙이라고 하는 주
관적인 인지 틀이 있습니다. 세상을 보는 자기만의 렌즈를 통
해 타인과 세상에 대한 자기 관점을 지니게 되는데, 지난 경험
들이 재료가 되기에 잘 변하지 않는다는 점이 특징적입니다.
경험을 통해 자신과 세상에 대한 믿음이 발달하는 동안 그 과
정에서 여러 규칙과 가정이 우리 마음에 자리 잡아 행동에 영
향을 줍니다. 규칙의 예로는 "존중받으려면 능력이 있어야만
한다" "완벽하게 처리하지 않으면 안 한 것과 같다" 등이 있고
가정의 예로는 "감정을 솔직하게 드러내면 사람들이 나약한
사람으로 여길 것이다" "내 의견은 거절당할 것이다" 등이 있
습니다.

이처럼 저마다 규칙, 가정, 법칙과 같은 자기만의 각본이 있습니다. 자기 각본 중 일부는 삶의 가치나 목표에 도움이 되기도 하지만 오히려 방해 요인이 되기도 합니다. 각본이 낡고 도움이 되지 않더라도 행동을 통해 반복되면 성격의 일부가 되어 견고해집니다. 자기 삶을 엉키게 만드는 완고하고 편향된 규칙과 가정은 시간이 지나면서 자기만의 독특한 신념이 되어 사고와 감정, 행동에 영향을 끼칩니다. 자신을 움직이게 하는 보이지 않는 그림자가 생겨버린 셈입니다. 특히 결정적인 삶의 사건은 자신과 타인, 세상에 대한 자기만의 신념이 되어 이후에 잘 변하지 않는 특징이 있습니다. 만약 절망적인 경험을 많이 겪었다면 신념의 내용이 부정적으로 형성되지 않도록 주의해야 합니다.

비효율적이고 부정적인 신념을 변화시키기 위해서는 새로운 행동을 해보는 것이 중요합니다. 신념이 잘 변하지 않는 이유는 새로운 경험이 부족하기 때문입니다. 자기 신념이 새로운 경험에는 관심을 두지 않기 때문에 늘 같은 조건 속에 지내게 됩니다. 따라서 신념과는 반대되는 행동을 가벼운 단계부터 점차 실행해보는 게 좋습니다. 이때 무작정 행동하는 것이 아니라 일정 수준의 의도가 필요합니다. 그렇지 않으면 행동을 통해 작은 변화를 포착하기 어렵습니다. 또한 마음의 창을 닫은 채로는 새로운 측면을 볼 수 없습니다. 실제적인 행동을 통해 새로운 관점을 얻는 것은 매우 중요합니다. 그래야 다양한 시각과 견해가 생기고, 대인관계에서도 다른 사람에 대한 수용 능력이 향상됩니다.

새로운 행동을 시작할 때는 먼저 어떤 신념부터 다룰 것인지 생각해봅니다. 구체적으로 검토할 신념을 정해놓고, 예를 들어 "내가 의견을 말하면 거절당할 거야"라는 신념에 변화를 주고 싶다면 주변의 가까운 사람에게 연습을 시작해봅니다. 실제로 행동해서 과연 내가 생각한 대로 결과가 일어나는지 검증해보는 것입니다. 물론 새로운 시도를 했을 때 얼마든지 예외 상황이 일어날 수 있습니다. 그러므로 다양한 사람에게 여러 상황에서 반복적으로 시도해보길 바랍니다. 자기 신념에 의존해서 살아갈 때 일어날 만한 가장 큰 문제는 그것이 과거의 경험에 기반한 사고라는 데 있습니다. 이전의 경험 속에 스스로를 가둬버린 채 '난 그 일을 잘하지 못해' '난 원래 그래' '난 부족해'라고 단정 짓게 되는 것입니다. 이는 어떤 일을 시작하기도 전에 회피하거나 포기하게 하는 요인이 됩니다.

도움이 되지 않는 신념에 의존해 정해진 각본대로 살면 새로운 문제를 해결하거나 효율적으로 대처하기 어렵습니다. 과거부터 형성된 신념이 지배적일 때는 새로운 가능성의 문이 닫혀버립니다. 자기 신념이 과연 현재의 일상에 얼마나 도움이 되는지 살펴보길 바랍니다. 과연 나의 신념이 자기 자신, 관계, 일의 효율성을 높이는지 오히려 낮추는지 객관적으로 검토해봅시다. '과연 이 신념이 도움이 되는가?' 스스로에게 질문해본다면 이내 변화가 필요한지 여부를 결정할 수 있는 답을 얻게 될 것입니다.

자기 신념 탐색하기

다음 문장의 빈 칸을 떠오르는 대로 작성해봅니다.

나는

나의 과거는

나의 미래는

친구란

가족이란

연인관계에서는

내가 두려워하는 것은

내가 걱정하는 것은

세상 사람들은

역경이란

하향 비교와
    상향 비교

우리가 스스로를 평가하는 데 적용하는 일
반적인 기준은 다른 사람들과의 비교를 통해서 이뤄집니다.
다른 사람들은 어떻게 살고 있는지 궁금해하며 과연 자신보
다 더 나은지 아닌지에 관심을 둡니다. 이와 같은 사회적 비
교social comparision는 자기 평가의 대표적인 방법이자 자존감에
영향을 미치는 요인입니다. 어떤 사람들을 비교 대상으로 삼
느냐에 따라 자기 평가의 결과가 크게 달라집니다. 사회적 비
교는 자신보다 나은 사람들과 비교하는 '상향 비교'와 자신보
다 못한 사람들과 비교하는 '하향 비교'로 나뉩니다.

상향 비교를 통해 타인의 재능이나 인품, 능력을 닮고자 하
는 내적 동기가 일어나면 더할 나위 없이 좋지만, 열등감이 커

질 위험이 있습니다. 그래서 대개 하향 비교를 합니다. 하향 비교는 자기 위안이나 자신감 회복과 같은 긍정적인 측면에 영향을 줍니다. 다만 하향 비교가 지나친 경우 우월감에 빠져 자기 도취나 교만을 초래하기도 합니다. 간혹 우월감을 자존 감이 높은 상태라고 착각하기도 하는데, 두 개념은 명백히 구분되어야 합니다. 우월감은 자기 정체성에 대한 인식이 낮은 상태이며 자기 개념이 타인에 따라 유동적입니다.

자존감은 사회적 비교를 하다 보면 더욱 불안정해지기도 합니다. 본래 자존감이란 사회적 상황에 따라 변화될 수 있습니다. 타인의 말과 행동이 비판적이거나 모욕적일 때 일순간 감정적인 손상이 일어나 '자존감이 상한' 느낌이 듭니다. 하지만 자기 개념이 긍정적이고 안정적이면 우울과 분노, 불안과 같은 감정에서 벗어나 빨리 회복할 수 있습니다. 긍정적인 자기 개념은 회복 탄력성에 영향을 미치기 때문입니다. 그러나 타인과의 비교를 통해 끊임없이 스스로를 평가하다 보면 자기 개념이 부정적일 수밖에 없습니다. 물론 타인과 비교하면서 자신의 부족한 부분을 채워나가거나 성장 동기를 촉진하며 인품이든 사회적 성공이든 스스로 발전해나가는 계기로 삼는다면 최선일 것입니다. 긍정적인 자기 개념을 증진하는 좋은 자극이 됩니다. 다만, 모든 비교에는 평가가 포함되기 마련이고 사회적 비교를 통해 자기 자신을 판단하다 보면 자기 개념을 안정적으로 유지하기 어렵습니다.

클리닉에 방문한 한 내담자는 "저는 자존감도 높고 자신감도 있어요. 그런데 가끔 자신이 너무 싫어요"라며 자기에 대한 부정적인 인식을 바꾸고 싶다고 했습니다. 흔히 우리는 자존 감이나 자신감이 높은 사람은 자기 개념도 늘 긍정적일 것으로 간주합니다. 하지만 내담자의 호소와 같이 우리 생각을 뒤 엎는 상황이 자주 일어납니다. 왜 그런지 가만히 살펴보니, 내 담자가 겪는 괴로움의 원인은 타인과의 비교에서 비롯되었습니다.

처음에는 고등학교 때 가까이 지내던 친구로부터 시작되었다고 했습니다. 친한 친구가 공부하는 모습이나 다른 사람을 대하는 태도를 보면서 닮고 싶기도 하고 부럽기도 해서 롤모델로 삼았다고 합니다. 그러나 그 친구와 자기를 비교하다 보니 어느 순간부터 자신의 부족한 부분에만 초점을 두고 스스로를 비난하는 일이 잦았다고 합니다. 고등학생 시절의 내담자는 완벽주의를 추구하는 성격에 남을 의식하는 경향이 있었기에 뭐든지 잘 해내고 싶은 마음이 컸다고 합니다. 그러나 돌이켜보니 그런 성격이 오히려 열등감만 키운 듯하다고 했습니다. 현재는 연구직으로 일하며 좋은 성과를 내고 인정도 받는다고 했습니다. 그러나 일하는 곳에서 동료과 '상향 비교'를 지나치게 하다 보니 늘 불안한 마음이라고 했습니다. '나는 자신감이나 자존감도 높은 편인데 왜 이럴까'라고 곰곰이 생각해보니 '잘하고 싶다'는 내면의 욕구가 크다는 것을 발견하게 되었고, 스스로를 대하는 태도를 바꾸고 싶다고 했습니다. 물론 어떤 일에서든 잘하고 싶은 마음이 들어야 성장을 하고 목표도 이루게 됩니다. 그러나 상대적 비교를 자주 하다 보면 잠재 능력이 억제되고 긍정적인 자기 개념을 유지하기 어렵습니다.

자기 개념은 자신에 대한 인식을 말합니다. 스탠퍼드 대학 사회심리학과 캐럴 드웩 Carol Dweck 교수는 자기 인식을 '고정형 마음가짐 fixed mindset'과 '성장형 마음가짐 growth mindset'으로 설명합니다. 고정형 마음가짐을 가진 사람은 누구나 정해진 만큼의 능력을 지닌 채 태어났고, 그 정도는 변하지 않는다고 믿습니다. 반면 우리 능력은 가변적이기 때문에 노력할수록 발전한다고 믿는 사람은 성장형 마음가짐을 가졌다고 분류됩니다.

고정형 마음가짐을 가진 사람은 한번 실패를 겪고 나면, 자기 능력을 개발하려 하기보다 쉽게 포기할 가능성이 큽니다. 이들은 실패를 두고 자신이 그 일을 해낼 능력이 없다는 징조로 받아들입니다. 반면 성장형 마음가짐을 가진 사람은 실패를 더 나은 노력을 통해 스스로를 향상할 수 있는 기회로 여깁니다. 자신에 대한 마음가짐이 고정형에 가깝다면 자기 인식이 부정적으로 발달될 수 있습니다. 그러므로 어떤 일을 잘 해내고 싶다면 성장형 마음가짐을 키워야 합니다. 실제로 심리 치료를 하는 동안 성장형 마음가짐을 증진하기 위해 다양한 개입을 시도합니다. 고정형 마음가짐이 견고한 내담자를 만나면 치료가 좀더 어려워집니다. 물론 자기 인식을 돕는 수많은 심리학적 접근이 있지만, 아무래도 치료 시간이 더 요구됩니다. 다행스럽게도 우리 안에는 성장형 자기를 향한 동기가 내면에 잠재되어 있습니다. 다시 말해, 자기 성장 동기는 이미 본질적으로 잘 갖추어져 있으니 이를 키울 만한 기회를 제공하기만 하면 됩니다. 여러분의 마음가짐은 성장형에 가깝나요? 아니면 고정형인가요?

#마음을 억제하면
몸이 병든다

      스트레스 상황에 자주 놓이면 정서적으로 소진되고 무기력한 상태가 됩니다. 이때 마음의 괴로움이 반복되면 감정을 억제하며 그저 참는 경우가 있습니다. 감정 억제는 상황을 바꿀 수 없다고 느낄 때 흔히 나타납니다. 이유는 간단합니다. 그래야 견딜 수 있기 때문입니다. 그러나 감정을 억제하다 보면 어느 순간 누적된 스트레스가 신체를 통해 나타납니다. 스트레스를 받으면 두통이 생기거나 소화 기능이 약해지거나 하는 등 몸의 여러 곳에서 다양한 신체 증상이 나타나는 것입니다. 이런 신체 증상은 마음이 몸을 통해 우리에게 '쉼'이 필요하다는 메시지를 주고 있는 것이라 할 수 있습니다. 감정은 항상 몸을 통해 신호를 보냅니다.

스트레스를 받을 때 신체 증상이 자주 나타난다면 그런 날에는 감정을 해소하기 위해 자신만의 힐링 시간을 갖는 것이 좋습니다. 가장 좋은 마음 처방은 감각을 끌어올리는 활동을 하는 것입니다. 달콤한 초콜릿, 파도 소리, 아로마 오일 향기, 명화 감상, 부드러운 감촉의 옷감 등 무엇이든 감각적인 자극을 느끼며 이에 집중해봅니다. 평소 좋아하는 감각 대상에 주의를 기울이다 보면 비록 잠시일지라도 도파민과 세로토닌의 향연이 일어나 스트레스로 지친 몸과 마음을 달래줄 것입니다. 만약 신체 증상을 자주 겪는다고 해도 불편하게 여기거나 예민한 스스로를 탓하지 말았으면 합니다. 몸이 감정을 돌봐야 할 시간임을 알려주는 신호로 받아들여 봅시다. '이제 쉬어야 할 때야. 너무 애쓰지 마'라고 알려주고 있는 셈이니 '그래, 알려줘서 고마워'라고 응답하며 자기 마음과 좋은 소통을 하길 바랍니다. 신체 증상은 감정을 억제한 채 견뎌왔다는 의미이니 그간 마음속에서 힘에 겨워 고단했을 것입니다. 특히 성격상 다른 사람에게 자신의 힘든 모습을 보이기 싫어하는 경우에는 감정을 억제하는 정도가 상당히 높은 편입니다.

얼마 전에 만난 한 내담자는 "최근 스트레스가 많았어요. 할 일도 많고 일을 늦게까지 하곤 했어요. 마음이 지친 상태였지만 꾹 참아가면서 일했던 것 같아요. 평소 힘든 내색을 잘 안 하는 편이에요."라고 말하며 변화가 필요하다고 느껴 클리닉에 왔다고 했습니다. 힘든 내색을 하지 않는 이유를 물어보니, "힘들다고 말하면 나약한 사람으로 보일 것 같고, 자존감이 강해서 남에게 의지하게 되지 않네요."라고 답했습니다. 감정 표현을 하는 것에 대해 '나약하다'라는 부정적인 신념이 있다 보니 오래도록 감정을 억제하게 되었으리라 판단했습니다. 또한 스스로를 자존감이 강한 사람이라고 했지만 저는 이를 오히려 자신의 취약한 면을 드러내지 않으려는 자기 방어가 높은 상태로 보고 발단이 될 만한 지난 배경을 살펴보기로 했습니다.

내담자가 자기 방어적인 태도를 취하게 된 계기가 될 만한 사건은 중학교 시기로 거슬러 올라갔습니다. 당시 친구들에게 '감정적이다' '예민하다'라는 말을 자주 들었다고 했습니다. 그런 말이 듣기 싫었기에 감정을 드러내지 않고자 부쩍 노력했고, 어느새 억제하는 습관이 들었다고 했습니다. 어느 날 친하게 지낸 친구와 다툼이 생겨 며칠간 서먹하게 지내다가 결국 자신이 먼저 다가가 사과했다고 했습니다. 평소에도 갈등이 일어나면 먼저 상대에게 다가가는 편이었다고 했습니다. 그런데 그날은 집으로 오는 길에 복통이 일어나서 결국 응급

실에 갔다고 했습니다. 갈등을 다루는 과정에서 마음의 상처를 표현하지 못한 채 참는 방식으로 해결하다 보니 무척이나 힘들었을 것입니다. 이후로도 스트레스를 받을 때마다 신체 통증이 일어나서 늘 약을 챙긴 채 다닌다고 했습니다. 최근에는 일을 시작하려고 자리에 앉으면 마음이 답답해지는 일이 잦고, 얼마 전에는 자신도 모르게 울컥 눈물이 나와 당혹스러웠다고 했습니다. 내담자의 감정 억제는 오래전부터 지속되었고, 더욱이 감정을 표현하는 자신을 '취약한 사람'이라는 의미로 받아들이고 있기에 감정 돌봄의 기회를 마련하지 못했으리라 판단했습니다. 심리 치료를 하는 동안 신체 증상을 다루기 위한 마음 챙김 연습, 생각 다루기, 감정 조절을 위한 대처 자원을 키워나가기로 하고, 먼저 감정을 돌보기 위한 간단한 작업을 시작했습니다.

(내담자는 반대편의 빈 의자를 마주하며 앉아 있다.)

치료자　　반대편 의자에 자신이 앉아 있다고 생각해보세요. 최근 일이 많았고 늦게까지 일했어요. 어때 보이나요?

내담자　　(반대편 의자를 바라보며) 어깨가 축 쳐져 있어요. 고개를 떨구고 있는데… 많이 힘들어 보이네요.

치료자 　힘들어하는 자신에게 해주고 싶은 말이 있나요?

내담자 　네…….

치료자 　어떤 말을 해주고 싶으세요?

내담자 　지금까지 충분히 잘해왔어… 고생 많았어…….

치료자 　더 해주고 싶은 말이 있나요? 혹시 그렇다면 마음속에
　　　　담긴 말을 해주세요.

내담자 　그동안 수고했어… 힘내… 이제 내가 곁에 있을게.

치료자 　자신의 손을 잡아주거나 어깨를 쓰다듬어 주어도 좋아
　　　　요. 다가가 안아줘도 좋아요.

내담자 　안아주고 싶어요.

　내담자는 심리 치료를 받는 동안 다양한 대처 자원을 잘 만들어냈고, 스트레스를 견디기 위해 감정을 억제하는 방식을 더는 선택하지 않기로 했습니다. 자기 돌봄의 시간을 알맞게 꾸려나가며 자신의 신체 변화를 매 순간 관찰하는 신체 트래킹을 통해 긴장을 포착하고 수시로 이를 이완하는 습관을 들였습니다. 신체를 읽는 것은 긴장 완화에 도움이 되고 감정을 포착하는 데 효과적입니다. 수시로 몸을 관찰하며 어깨의 긴장, 경직된 자세, 몸의 압력, 통증 등을 살펴보는 것입니다. 신

체를 읽음으로써 몸을 이완해주고, 심리적인 안정을 돕기 위한 오감 활동을 병행합니다. 신체 트래킹을 습관화하면 스트레스로 인한 반응을 즉각적으로 다뤄줄 수 있어 자기 조절감을 얻게 됩니다. 특히 감정 억제로 인한 스트레스를 겪는다면 신체 증상과 감정을 함께 살피는 시작 단계로 삼을 수 있기에 자주 활용하길 권합니다.

수치심
다루기

　　우리 마음속에는 다른 사람들과 좋은 관계를 맺고자 하는 열망이 자리하고 있습니다. 그렇기에 인간관계에서 갈등이 생기면 마음의 상처가 생기고 회복이 더딥니다. 특히 누구나 타인에게 수용을 받고자 하는 근본적인 욕구를 타고나기 때문에 관계로부터 무시나 거부를 당하면 더욱 고통스럽습니다. 다른 사람으로부터 비수용되는 경험은 수치심을 느끼게 하고, 거듭될수록 절망감을 겪게 합니다. 타인이 자신을 이해하고 가치 있게 받아들였으면 하는 욕구가 크면 클수록 사소한 말과 행동에도 상처를 입기 쉽습니다. 온전한 수용이 아니면 비수용된 것으로 판단하기 때문입니다. 특정한 욕구에 집착하면 그것이 충족되지 않거나 그에 반하는 상황이 올 때 유연하게 대응하기 어렵고, 수용과 비수용의 이분법적 관점에서 세상을 바라보면 어떤 관계든 편하지 않게 느낍니다.

수치심은 자존감에 영향을 주는 요인입니다. 자존감이란 자신을 귀하고 소중하게 대하는 마음이므로 자신을 향한 태도가 중요합니다. 하지만 자존감 자체에 연연해하며 이를 갖고자 한다면 오히려 문제가 생기기도 합니다. 무엇이든 소유에 대한 욕구가 일어나면 집착하게 됩니다. 자신을 귀하게 여기는 것은 자기 그 자체, 즉 '존재' 그대로 귀하게 다루는 마음입니다. 스스로를 소중하게 대하기 위해서는 감정에 너그러울 필요가 있습니다. 수치심이란 감정 자체가 일어났는지 아닌지에 온통 신경을 쓰게 되면 감정의 파도를 잘 탈 수 없습니다. 특정 감정에 자신의 가치를 내맡기지 않도록 주의해야 합니다.

수치심에 취약하다는 것은 다른 사람의 태도에 민감하다는 것을 의미합니다. 물론 타인의 말과 행동에 어느 정도 신경을 쓰며 좋은 사회적 매너를 유지하는 것은 괜찮지만, 상대방의 태도를 자기 평가의 기준으로 삼을 필요는 없습니다. 어떤 사람이 말이나 행동으로 나를 무시한다고 해도 이는 상대의 미숙하고 자기 중심적인 감정이라고 여기고 이에 휩쓸리지 않길 바랍니다. 사회적으로 성숙하지 못한 상대의 태도에 괜스

레 마음 상하지 않는 것이 좋습니다. 그저 '무척 미숙하군' 또는 '생각보단 매너가 부족하네' 정도로 합리적으로 판단하고 그 이상 마음 쓰지 않도록 합니다. 자기 자신은 소중한 사람이므로 타인의 무례한 감정 폭력에 시달리지 말고 스스로를 지켜야 합니다.

상대의 사소한 반응이나 지나가는 말에 '나를 무시했다'라고 오해하는 경우도 있습니다. 타인에게 '무시당한' 상태로 판단하면 수치감이 생길 수 있고 자칫 분노로 이어져 감정적으로 대응하게 됩니다. 혹시 어떤 행동을 한 다음 '그때 좀더 차분하게 대응했어야 하는데'라며 뒤늦게 후회하곤 하는지 살펴봅시다. 그런 순간에는 주로 어떤 생각이 스쳐 지나가는지를 검토해보면 도움이 됩니다. 주로 부정적인 생각이 영향을 끼쳤을 가능성이 큽니다.

가끔 클리닉에 오는 내담자가 "실제로 무시당한 것과 아닌 것을 어떻게 구분하나요?"라는 질문을 했습니다. 구분은 간단합니다. 우리는 실제로 일어난 사실을 두고 판단을 해야 하는데, 주관적인 추론에 의존할 때가 있습니다. 이는 '~ 한 것 같다' '~인 듯하다' '~가 틀림없다'와 같이 가설적인 특징을 보입니다. 문제는 주관적인 추론을 확실한 사실로 믿는 데서 발생합니다. '내 질문에는 답변을 안 하는 걸 보니, 날 무시하고 있는 게 분명해'라고 생각하는 식입니다. 어떤 일에서든 '무시 당했다'는 결론을 내리면 수치감과 분노에서 벗어날 수 없습니다. 상대가 다른 사람의 질문에 응답한 것은 사실이지만, 그렇다고 해서 나를 무시했다는 근거는 어디에도 없습니다. 항상 어떤 일을 판단할 때 객관적 사실과 주관적 추론을 구분할 수 있어야 합니다.

　수치심은 내적·외적의 두 가지 방향에서 각기 다른 방식으로 표현됩니다. '외적 수치심'의 상태에서는 자신을 무시하거나 거부한다고 생각하는 사람에게 공격적인 태도나 행동을 보입니다. '내적 수치심'의 경우는 자신에 대해 부정적으로 평가하거나 스스로를 비난합니다. 외적 수치심이 지배적일 때는 "그 사람은 나를 나약하고 무능한 사람으로 볼 것이다"와 같이 자기 자신에 대해 다른 사람이 어떻게 생각할지 집중하는 반면, 내적 수치심은 주로 "무엇을 어떻게 해야 할지 모르겠다. 난 무능하고 한심한 인간이다"라고 느낍니다. 수치심이 외부로 표현되느냐 또는 내부로 표현되느냐에 따라 2차 감정이 달라질 수 있습니다. 외부적일 때는 대개 분노 감정이 수반되며, 내부적일 때는 우울한 기분 상태가 되기 마련입니다.

외적인 수치심을 느낀다면, 다른 사람이 자신을 무가치하게 여기는지에 민감한 상태이므로 타인에게 의미 있는 존재가 되고자 하는 내면 욕구를 잘 다스릴 필요가 있습니다. 내적인 수치심을 느낀다면, 스스로를 비난하는 등의 자기 부정적인 대화를 하는지 살펴봐야 합니다. 자기 자신에게 적대적인 내면의 목소리가 자기도 모르게 수치심을 자극하고 있을 가능성이 높습니다. 만약 여기서 벗어나기 어렵다면 합리적인 생각을 지녔거나 지혜롭다고 여기는 누군가를 떠올린 후 '그 사람이라면 어떻게 생각할까'를 가정해봅니다. 좀더 객관적인 내적 대화를 할 수 있게 될 것입니다. 간혹 내담자 중 몇몇은 "종종 힘이 들 때 선생님에게 찾아가면 무슨 이야기를 들려줄까"에 관해 생각해본다고 합니다. 저도 이따금씩 머릿속으로 질문을 해봅니다. 그러다 보면 나름대로 다른 방식으로 관점을 전환해볼 수 있어 도움이 됩니다.

무조건적으로 수치심을 불쾌한 감정으로 여기면 그 순간 또 다른 감정이 일어나 쉽게 다스리기 어렵습니다. 외적이든 내적이든 수치심을 느낄 수 있습니다. 그렇다고 해서 자신이 무가치하거나 무의미한 존재인 것은 아닙니다. 자기 자신은 감정보다 더 귀한 존재임을 잊지 말길 바랍니다.

거울 속 나를
바라보는 나

바디 이미지 body image는 자기 외모에 대한 인식이나 느낌, 생각을 가리킵니다. 개인차가 있기는 하지만 우리 모두는 바디 이미지에 어느 정도 신경을 쓰며 살아갑니다. 자신을 바라보는 관점, 바디 이미지는 자신감이나 자존감에 영향을 미치지만, 이때 자기 얼굴이나 체형을 받아들이는 정도가 중요합니다. 간혹 바디 이미지 자체가 가치 기준이 되어 버리는 경우가 있습니다. 그럴 경우 자신이 원하는 삶을 살기 위해서는 외모가 중요하다고 여기고 이를 가꾸는 데 집착합니다. 이는 외모에 대한 그릇된 신념이 원인입니다. 외모를 성공의 필수 요소로 두다 보니 실패나 좌절을 겪을 때마다 외모를 탓하며 대부분의 일을 외모와 관련지어 생각하는 경향이 있습니다.

바디 이미지에 대한 왜곡된 생각은 실제로 클리닉에서 자주 접하게 되는 사례입니다. "얼굴 때문에 항상 자신감이 없어요" "제 얼굴이 마음에 들지 않아요. 거울을 볼 때마다 다 고치고 싶어요" "제가 그 사람처럼 생겼다면 삶이 달라져 있겠죠"라며 자기 외모에 대한 불만을 토로하는 이들이 많습니다. 우리 삶은 성격이나 능력, 재능이나 노력, 선택의 결과입니다. 결코 외모가 성공이나 원하는 삶의 형태를 보장하는 것은 아닙니다. 실제로 타인에게 좋은 인상을 주는 데는 외모에서 느껴지는 호감이나 매력보다 성격이나 태도 및 행동이 더 큰 영향을 주는 것으로 나타났습니다. 왜곡된 바디 이미지 속에 갇혀 비현실적인 이상을 두고 스스로를 평가하면 자신감이 떨어질 수밖에 없습니다.

자신이 바라는 외모를 가진 사람만 쳐다보며 자기 비난을 하면 스스로에 대해 부정적인 감정을 느낄 뿐 아니라 패배감에 빠질 수 있습니다. 일상생활에서 기대에 어긋나는 일이 일어나면 상황과 조건 등을 골고루 살펴봐야 하는데, 외모에만 의존해 자기 인생을 예측하다 보면 모든 일에서 만족감이 낮아집니다. 자신의 외모를 받아들이지 못하는 경우 다른 사람들 역시 자기 모습을 싫어한다고 생각하기 쉽습니다. 실제로 한 내담자는 매번 얼굴의 세세한 분위를 가리키며 "제 얼굴이 마음에 들지 않아요. 선생님도 그렇게 생각하시죠?"라고 확인 하곤 했습니다. 이처럼 자신이 받아들이지 못하는 부분을 타 인에게 전이시키는 것을 심리학 용어로 투사^{projection}라고 합 니다. 이 내담자는 예전에 다른 사람에게 외모에 관한 지적을 받은 이후로 외모에 부쩍 신경을 쓰기 시작했다고 했습니다. 점차 다른 사람들 역시 자신의 외모를 좋아하지 않을 것이라 는 확신이 들었고, 거울을 보면 결함만 보인다고 했습니다.

심리 치료를 하면서 저는 그 내담자에게 타인이 자신의 외 모를 평가하거나 그 이유로 거절할 때 그 사람에 의해 상처받 거나 자기 불행에 빠지지 않아야 한다고 이야기했습니다. 어 차피 편견을 가진 사람은 다른 사람에게도 똑같이 그런 말과 행동을 할 것입니다. 타인의 편견에 자기 가치를 내맡기지 않 아야 합니다. 그 내담자는 현재 외모로 인해 위축되었던 부정 적인 바디 이미지에서 벗어나 자신의 잠재력과 동기에 맞는 삶을 찾아가고 있습니다. 간혹 클리닉 근처를 지나갈 때 들러 서 안부를 전하곤 하는데, 가장 인상적인 변화는 생기 있고 역 동적인 에너지가 생겨난 점입니다. 누구든 좋은 삶의 에너지를 지닌 사람이라는 인상을 풍길 때면 더욱 매력적으로 느껴지고, 상대에게도 좋은 자극이 되며, 정서적 잔상이 오래도록 남습니다.

바디 이미지를 개선하기 위해서는 먼저 자기 자신을 어떻게 생각하고 느끼고 행동하는지 살펴보면 좋습니다. 부정적인 감정에 더 이상 휘둘리고 싶지 않다면, 바디 이미지와 관련한 객관적인 질문을 스스로에게 던져봅시다.

- ○ 나는 나의 바디 이미지를 어떻게 느끼는가?
- ○ 부정적인 바디 이미지에 영향을 끼친 상황이나 사건이 있었는가?
- ○ 만일 그때로 되돌아간다면 자신에게 어떤 말을 해주고 싶은가?
- ○ 나는 그날의 경험에 대해 어떤 행동으로 반응하고 싶은가?

자신의 바디 이미지를 이해한 다음 자기 변화를 돕기 위해 다음 단계를 시작해봅시다. 앞서 설명했듯이 바디 이미지는 그릇된 신념에 의해 영향을 받습니다. 자기 비난으로 이어지는 부정적인 생각을 수정하다 보면 감정적 동요가 일어나는 상황에서 유연하게 대처할 수 있습니다. 우리가 흔히 가진 생각 가운데 '당위성 사고'라는 것이 있습니다. '당연히 외모가 좋아야 성공할 수 있지'와 같이 '당연히 ~해야 ~하다'와 같은 사고의 틀을 가리킵니다. 이는 꽤나 경직된 사고 방식으로 비합리적 신념의 근간이 됩니다. 자신이나 주변 사람들의 말 습관을 가만히 살펴봅시다. 대화 중에 "당연하게 ~인 거 아냐?" 또는 "당연히 그렇게 생각해야지"라는 문장을 발견할 것입니다. 언어는 그 사람의 사고를 반영합니다. 의도했든 아니든 말 습관을 바꾸면 생각이 유연해집니다. 자신이 당연하다고 여기는 것이 항상 '옳은 생각'은 아니므로 이야기할 때 한 번쯤 다시 생각해보면 좋겠습니다. 당연한 건 세상에 없기 때문입니다. 가끔 상담을 하면서 "선생님, 제가 이렇게 느끼는 게 당연한 거 아니예요?"라는 말을 듣곤 합니다. 그렇습니다. 얼마든지 동의합니다. 하지만 모든 사람이 비슷한 감정을 느낀다고 해도 정도의 차이는 있습니다. 그리고 표현 방식도 다릅니다. 나아가 같은 상황에 처하더라도 같은 느낌으로 반응하진 않을 것입니다. 당위성 사고는 다른 대안적 관점을 갖거나 객관적 사고를 하는 데 방해 요인이 됩니다.

　바디 이미지를 개선하기 위한 다음 단계로 자기 외모를 바라보는 관점의 변화를 계획해봅시다. 자신의 외모에 대해 갖고 있는 해석이나 가정이 변화되면 느낌, 감정, 행동의 변화가 일어날 것입니다. 자기 인식을 바꾸는 구체적인 방법을 발견한다면 새로운 시각으로 경험하고 느끼게 됩니다. 바디 이미지에 대한 오래된 생각을 변화시키기 위한 마음의 준비를 했다면 '생각의 A-B-C' 과정을 찬찬히 진행해보길 바랍니다. A는 활성화된 선행 사건Activating event 으로, 외모에 대한 부정적인 일으킨 촉발 상황을 의미합니다. B는 신념Belief 으로, 선행 사건에 대한 주관적인 생각과 해석을 가리킵니다. C는 결과Consequence, 즉 당시에 느낀 감정이나 행동을 말합니다. 만일 최근에 겪은 일에서 선행 사건을 짚기 어려우면 과거에 일어난 에피소드를 떠올려도 좋습니다.

○ 선행 사건(바디 이미지에 영향을 준 상황) :

○ 신념(선행 사건으로 촉발된 자신의 외모나 체형에 대한 해석) :

○ 결과(신념이 감정과 행동에 미친 영향) :

감정 :

행동 :

바디 이미지를 개선하기 위한 생각 찾기를 해보았다면, 이제 신념(B)를 합리적이고 객관적인 해석으로 수정하는 과정이 남았습니다. 이를 인지적 재구성cognitive restructuring이라고 합니다. 선행 사건을 변화시키는 것이 아니라 자기 신념을 달리하여 다시 보는 것입니다. 선행 사건에 대한 해석에 따라 감정과 행동이 영향을 받기 때문입니다. 만일 합리적인 생각을 하기 어렵다면 여러 주변 사람들이 동일한 상황을 어떻게 해석하는지 살펴보면 도움이 될 것입니다. 이를 통해 다양한 관점을 얻어 보길 바랍니다. 이를 대안적 사고라고 합니다. 단일한 하나의 부정적인 생각에 몰두하다 보면 감정 역시 그만큼 커질 수밖에 없습니다. 생각의 다양성을 넓히게 되면 감정이나 행동이 달라집니다.

마지막으로, 부정적인 바디 이미지에서 벗어나기 위한 다음 단계가 남았습니다. 이는 자기 자신에 대한 인식을 변화시키기 위한 가장 의미 있는 과정이라 할 수 있습니다. 이 단계의 핵심은 자신을 있는 그대로 받아들이는 '자기 수용'입니다. 자기 수용을 증진하기 위해서는 우선 판단하는 마음을 알아차리는 것이 중요합니다. 자신의 내면에서 일어나는 생각을 관찰자의 태도로 바라보도록 합니다. 마음을 관찰하다 보면 자기 비난의 말이나 슬프거나 화난 감정에서 빠져나와 마음속 경험을 객관적으로 보게 될 것입니다. 수용은 자신에 대해 판단하지 않는 데서 시작됩니다. 자기 수용을 하는 연습을 하다 보면 자신을 힘들게 하는 생각에 이끌려 다니지 않게 됩니다.

앞서 소개한 각 단계를 순차적으로 할 필요는 없습니다. 자신에게 잘 맞는 단계를 찾아 그 날의 마음에 따라 도움이 되는 연습을 하면 됩니다. 자기 이해 돕기, 당위성 사고 검토, 생각의 ABC, 자기 수용 연습은 모두 심리 치료 과정에서 적용되는 기본적인 방법입니다. 이제 변화를 위한 준비가 마련되었고, 변화는 각 단계별 연습을 얼마나 지속하는가에 달려 있습니다. 적어도 8주 동안은 매일 연습하고 이후에도 숙달될 때까지 계속하길 바랍니다. 점차 자기 자신에 대한 새로운 관점과 태도가 생기며 스스로에게 만족감을 느끼게 될 것입니다.

이상적 자기,
현실적 자기

누구나 바라는 자신의 모습이 있습니다. 영화나 드라마를 보고 누군가에게 매력을 느꼈다면 평소 마음속에 품고 있던 '이상적 자기ideal self'의 모습을 발견했을 가능성이 높습니다. 타인에게 매력을 느낄 때 자신과 다른 면을 지닌 사람에게 끌리게 되는 것을 '상보성 효과'라고 합니다. 자신에게 부족한 부분이나 닮고 싶은 면을 상대가 지니고 있기 때문입니다. 닮고 싶은 상대를 보면서 삶의 동기나 의지가 생긴다면 발전적인 도약의 계기가 될 것입니다. 그러나 마음속 '이상적 자기'와 '현실적 자기real self' 간의 괴리가 크다고 자각하면 절망감이 들 수 있습니다.

자신의 이상적 욕구와는 달리 자기 기대가 낮으면 부정적인 감정에 휩쓸릴 수밖에 없습니다. 어느 날 클리닉을 찾은 내담자가 이렇게 말했습니다. "얼마 전에 우연히 어떤 사람의 강연을 보게 되었어요. 어찌나 말을 잘하던지… 강의 내내 푹 빠져서 들었어요." 여기까지는 전혀 문제가 없었습니다. 그런데 내담자의 고통은 강연이 다 끝난 뒤부터 시작되었다고 합니다. "그런데 강연을 듣고 난 후에는 기분이 좋지 않았어요. 나 자신이 초라해 보이면서 한심하다는 생각이 들었어요." 몇 주가 지나도록 부정적인 생각이 멈추질 않고 기분이 나아지질 않아서 클리닉에 왔다고 했습니다. 내담자는 직업상 강의를 할 일이 잦다고 했습니다. 그날 본 강연자의 말솜씨와 목소리가 평소 자신이 원했던 바로 그 모습이었다고 합니다. 반면 자신은 그만한 능력을 갖추지 못한 듯해 상대적 박탈감이 느껴졌다고 했습니다.

우리는 가끔 다른 사람의 모습을 보며 삶의 자극을 받습니다. 타인으로부터 자극을 받더라도 자신의 변화 가능성을 낮게 평가하고 새로운 시도나 도전을 시도하지 않는 사람도 있고, 어떤 사람은 성격이나 능력, 재능 등을 적극적으로 개발하며 현재보다 더 나은 자신이 되고자 합니다. 자신에 대한 기대와 믿음이 성장 동기를 자극하기도 하고 억제하기도 하는 것입니다. 심리학 실험 중 위약 효과를 설명하는 연구가 있습니다. 이를 플라세보 효과placebo effect라고도 하는데, 실질적인 효과가 없거나 치료와 무관한 약이나 의료 행위에 자신이 믿고 있는 정도에 따라 실제 치료 효과가 일어나는 현상을 말합니다. 우리 믿음이 얼마나 강력한지 보여주는 사례입니다. 자기 자신이나 미래에 대한 믿음이 부정적이라면 어떨까요? 이는 잠재력은 물론 변화 의지마저 제한하는 삶의 장벽이 될 것입니다.

미국의 심리학자 칼 로저스Carl R. Rogers에 따르면, '이상적 자기'와 '현실적 자기'의 차이를 크게 느낄수록 심리적 부적응이 생겨납니다. 저도 이에 동의합니다. '이상적 자기'를 이상적인 상태로만 둘 때 마음의 고통이 일어나므로 닮고 싶고 원하는 자신의 모습이 되기 위한 변화 의지와 행동이 필요합니다. 자신이 바라는 자기가 되기 위해 노력해야 합니다. 때로는 '어떤 사람은 이미 뛰어난 사람도 있는데, 노력만으로 되는가'라는 회의가 들기도 할 것입니다. 이 또한 맞는 말입니다. 특정한 재능을 타고난 듯한 사람이 분명히 있습니다. 그 재능을 자신도 갖고 싶다면 부족함을 인정하고 다른 사람을 인정해야 합니다. 타인의 재능이 타고난 것이든 노력에 의한 것이든 현재 자신에게 부족한 면이라면 있는 그대로 인정하고 성취를 위한 노력을 소홀히 하지 않는 것만이 방법입니다.

예전에 한 지인이 간단한 의학 정보를 쉽게 설명해달라는 강의 요청을 받았다고 했습니다. 강의 시간은 20분 정도였고, 주제는 그간 연구해오던 다수의 논문과 유사했기에 저는 지인을 가볍게 응원하고 헤어졌습니다. 얼마 후 다시 만났을 때, 그의 서재에는 여러 참조 자료가 쌓여 있고 그 동안 얼만큼 시간을 들였는지 가늠할 수 있을 정도로 빼곡한 강의 노트를 발견했습니다. 늘 그렇듯 반갑게 맞아주며 "오늘까지만 잘 정리하면 될 것 같아. 저녁에는 맛있는 걸 먹어야겠어"라며 환하게 웃었습니다. 이튿날 강의를 앞두고 전날까지 수고로움을 마다하지 않는 모습이었습니다. 지인의 서재를 나오면서 노력과 헌신의 잔상이 남아 한동안 뭉클했습니다. 자신에게 참 정직한 모습과 타인을 위한 일을 소홀히 하지 않는 정성이 존경스러웠습니다.

타인의 어떤 면을 닮고 싶거나 어떤 능력을 갖고 싶다면 무엇이 자신의 심리적인 동요를 일으켰는지 생각해봅시다. 단순히 다른 사람이 멋있거나 근사하게 보여서라면 변화 동기부터 재검토할 필요가 있습니다. 종종 우리는 상대의 드러나는 모습에 반해 닮고자 합니다. 겉으로 보이는 모습만 보고 동경한다면 이내 지쳐 포기하게 될 것입니다. 상대가 자기 삶을 위해 노력하는 헌신이나 의지까지 들여다보아야 합니다. '이상적 자기'가 되기 위해서는 여러 어려움을 참고 버텨 이겨내야 합니다. 자신이 원하는 모습이 되기 위해 기꺼이 전념해보길 바랍니다. 무엇보다 들이는 시간이 중요합니다. 자기 자신에게 기울이는 시간을 바꾸지 않으면 삶도 변화될 수 없습니다.

과거의 상처가
분노가 될 때

분노는 신체적인 위협이나 심리적인 공격을 당할 때 그에 맞서 자신을 방어하거나 스스로를 보호하는 기능을 합니다. 일상에서 흔히 느낄 수 있는 감정이지만 표현하는 방법에 따라 '분노 억제형'과 '분노 표출형'으로 구분됩니다. 억제형인 사람은 상처를 즉시 표현하지 않기에 겉으로 감정이 잘 드러나지 않지만 어느 순간 강하게 분노를 표출하는 특징을 보입니다. 클리닉의 한 내담자는 "평소엔 감정을 잘 표현하지 않지만, 한번 화가 나면 주변에서 무섭다고 해요"라고 말했습니다. 특히 다른 사람으로부터 '눈치가 없다'는 말을 들으면 순간 화를 추스르기가 어렵다고 했습니다. 학창 시절에 집안 사정으로 인해 이사를 자주 다녔는데, 한동안 부모님과 떨어져 친척 집에 머물게 되었다고 했습니다. 당시 그 친척이 식당을 운영해서 자신도 궂은일을 맡아서 했는데, 그때 가장 듣기 싫었던 말이 "왜 이렇게 눈치가 없느냐"라고 했습니다. 특히 그 집 자녀가 자신과 나이가 같았는데, 처지가 그렇게 다르다 보니 서럽기도 하고 자존심이 상하는 날이 많았다고 했습니다. 내담자에게 '눈치 없는 사람'이란 말은 내면의 상처를 자극하는 말이었기에 분노로 대응하게 된 것입니다. 내담자는 심리 치료를 통해 불쾌한 감정과 기억을 모두 없애버리길 원했습니다.

과거의 상처와 분노가 켜켜이 쌓이면 마음의 덫이 되어 현재의 삶에 영향을 줍니다. 타인의 말 가운데 내가 유독 상처받는 말이 있다면 어쩌면 고통스러운 지난 기억과 감정이 연료가 되었을 수 있습니다. 특히 자존감에 영향을 끼친 사건, 절망감을 느낀 상황과 같이 감정적 소모가 큰 기억들은 오래도록 처리되지 않은 채 남아 민감한 반응으로 나타나기도 합니다. 만일 과거의 기억이 외상적이라면 기억의 억압이 일어나서 당시의 일이 잘 떠오르지 않을 수 있습니다. 이를 두고 '섬 기억'이라 합니다. 뇌의 정보 처리 시스템에서 잘 처리되지 않은 채 분리되어 마치 외딴 섬처럼 남은 기억이라는 의미입니다. 흔히 트라우마 치료에서 사라진 기억을 떠올리는 일을 자주 접하게 되는데, 이렇게 기억을 재통합하고 감정을 처리하는 동안 자연히 치유가 시작됩니다. 섬 기억은 자신을 보호하기 위한 자기 방어적인 특징이 있습니다. 그날의 기억이 너무 아프거나 상처가 커서 여전히 떠올리기 힘들기에 기억 어딘가에 가둬놓은 사건입니다. 반드시 외상적인 사건이 아니더라도 자기 가치에 손상을 준 기억들은 감정과 연합되어 분노나 적대감으로 표출될 수 있습니다.

분노를 억제하는 유형과 달리 분노를 즉각적인 행동으로 표현하는 이는 표출형에 가깝습니다. 적대감을 동반한 분노는 대개 공격적인 행동으로 이어지기 쉽습니다. 다른 사람에게 언어 폭력을 휘둘러 감정적인 손상을 일으키거나 위협적인 행동을 할 수 있기에 통제가 필요합니다. 흔히 "나는 화를 잘 참지 못한다" "내가 자주 화를 내는 건 상대방이 화를 나게 했기 때문이다"라며 습관성 분노를 문제로 여기지 않거나 심지어 "화를 잘 내긴 하지만 뒤끝은 없다"라고 말하며 스스로를 정당화하기도 합니다. 자신은 감정을 다 표출했으니 무슨 뒤끝이 남겠습니까. 하지만 이는 온전한 착각일 뿐입니다.

분노는 누구나 느낄 수 있지만 항상 분노하는 사람으로 살아갈지 아닐지는 우리 선택에 달려 있습니다. 흔히 분노는 빠르게 일었다가 급격히 사그라드는 경향을 보입니다. 분노가 잦을 경우 사소한 문제에도 즉각 감정이 타오르고 최고조의 상태에서 머무는 특징이 있습니다. 늘 자율신경계가 과도하게 항진되니 진정이 더디고 사소한 문제에도 분노 행동으로 나타납니다. 우리에게는 반응을 선택할 능력이 있습니다. 순간 분노를 느끼더라도 분노를 표현하는 방법은 자기 선택에 달려 있는 것입니다. 다른 사람의 말이나 행동에 매번 상처를 받고 분노를 느낄지 아니면 분노로부터 자신을 자유롭게 해방시킬지 스스로 결정할 수 있습니다. 나아가 분노로 인해 어떤 대가를 치르고 있는지 스스로 살펴보길 바랍니다. 분노를 행동으로 옮기는 것은 여러 선택지 중의 하나일 뿐입니다. 자신이 할 수 있는 다른 대안적인 행동을 생각해봅시다. 분노가 일어난 상황을 전후로 분석해 분노 행동에 이르게 되는 과정을 살펴보면 대안을 마련하는 데 도움이 됩니다. 간단한 방식을 소개하자면 다음과 같습니다.

○ 1단계 : 분노가 촉발되었던 상황을 살펴봅니다. 이때의 생각, 감정, 신체 감각의 변화를 확인하고 각각을 기록합니다.

○ 2단계 : 분노가 일어나기 전 상황 전으로 되돌아가서 자신의 전반적인 상태, 식사나 수면의 양과 질, 다른 스트레스 요인, 기분 저하 여부 등을 검토합니다.

○ 3단계 : 분노 행동에 대해 구체적으로 기술합니다. 자신이 한 말과 행동을 모두 찾아보도록 합니다.

○ 4단계 : 분노 행동의 결과를 살펴봅니다. 자신이나 타인에게 끼친 영향을 검토합니다.

○ 5단계 : 1~3단계 각각에 대해 대처할 수 있는 대안적 방법을 마련합니다(가령 1단계의 경우 생각, 감정, 신체 감각을 달리 어떻게 다룰 것인지를 찾습니다).

○ 6단계 : 4단계에서 일어난 분노 행동의 결과를 어떻게 회복시킬지 방안을 찾아봅니다. 이때 구체적인 방법으로 접근하고, 자신이나 타인에게 실제로 도움이 되는 방법이어야 합니다.

분노로부터 자신을 지킬 수 있는 대안적 방법을 찾아간다면 강렬한 감정에 더는 무력하게 사로잡히지 않을 수 있습니다. 자신은 어떤 반응이든 선택할 수 있는 사람임을 잊지 않기를 바랍니다. 대안을 꾸준히 연습하다 보면, 이내 자신이 바꾸는 것에 의해 삶이 변화하고 있음을 느낄 것입니다.

아무도 나를
해결해줄 수 없다

　　　　누구나 다른 사람에게 사랑과 존경, 인정과
지지를 받고 싶은 욕구가 있습니다. 긍정적 존중을 받고자 하
는 욕구는 유아기부터 발달됩니다. 유아기를 지나 자신과 외
부 대상을 구별하기 시작하면서 자기에 대한 인식이 발달합
니다. 자기 인식은 부모나 중요하게 여기는 타인으로부터 사
랑이나 돌봄을 받고 싶은 욕구로 나타나고, 만족감이나 결핍
을 느끼는 정도에 따라 달라집니다. 특히 이 시기 부모와의 상
호작용을 통한 언어적 교감과 안아주고 토닥이는 등의 신체
적 교감은 긍정적인 자기 인식에 지대한 영향을 미칩니다.

　긍정적 존중에 대한 욕구는 아동기에 들어서면서 더욱 분
명해집니다. 특히 아동은 부모의 돌봄을 통해 자신이 소중하

게 여겨지고 있다는 인식이나 느낌을 받는데, 이는 자기 개념에 영향을 줍니다. 자기 개념은 자신이 어떤 사람인지에 관한 개인의 인식으로, 타인이 보여주는 따뜻한 수용과 지지는 자신에 대한 좋은 느낌을 불러일으킵니다. 부모를 비롯한 주요 타인들로부터 조건 없는 사랑을 받으면 어린아이는 자신에 대한 긍정적인 자기 개념을 형성합니다. 조건 없는 사랑은 아이가 생각하고 말하는 것, 느끼고 표현하는 것을 있는 그대로 수용하는 것입니다. 아이는 자신이 중요하다고 여기는 사람들의 기대와 태도에 영향을 받습니다.

만일 부모의 기대에 부합할 때는 칭찬이나 관심을 많이 받고, 기대에 어긋나면 혼이 나거나 관심을 덜 받는 등 조건적인 사랑을 받는다면 자기 개념이 타인의 반응에 따라 불안정해집니다. 조건적 사랑을 받은 아이는 자기 욕구보다는 타인의 기준에 맞춰 생각하고 행동하고, 다른 사람의 사랑과 관심을 얻기 위해 과도하게 노력하거나 눈치를 보게 됩니다. 그러다 보면 성인이 된 후에도 긍정적 존중의 욕구가 채워지지 않아 타인의 사랑과 관심에 따라 자존감이 유지되거나 떨어지고, 이내 걱정과 염려로 인해 불안해지곤 합니다.

저는 어린 시절부터 부모님과 떨어져 할머니의 보살핌을

받고 자랐습니다. 삶이 그러하듯 어른이 되어서도 여러 번 힘든 고난과 역경을 마주하게 되었고, 때론 벼랑 끝에 서 있는 듯한 느낌이 드는 날도 많았습니다. 그때마다 하늘을 바라보곤 했습니다. 그러면 마음속 깊은 내면의 소리가 '할머니에게 네가 어떤 사람이었는데 이렇게 힘들어해. 넌 귀하고 소중한 사람이야. 힘내'라며 스스로를 응원했습니다. 비록 여전히 예고 없이 슬픔이 오고 불안이 폭풍우처럼 거세게 몰아치기도 하지만, 감정을 느끼는 제 자신을 대하는 태도는 늘 한결같습니다. 할머니가 제게 해주신 말씀처럼 똑같은 이야기를 스스로에게 들려주고 할머니의 따뜻한 손길인 양 가슴을 토닥거리며 자신을 보살핍니다. 그 사랑을 이어받아 그대로 스스로에게 친절하게 다가갑니다.

타인으로부터 수용받지 못하는 괴로움으로 인해 힘들어하는 내담자에게 "자기 자신에게 가장 좋은 부모가 되어주세요. 때론 따뜻한 엄마가, 어느 날은 용기를 주는 든든한 아빠가 되어주세요"라고 안내하곤 합니다. 간혹 어린 시절 할머니의 양육을 받았던 제 이야기를 하면 대견해하거나 혹은 안쓰러워하는 분을 만나곤 합니다. 그렇습니다. 그 모든 감정을 느끼고 자랐습니다. 그리고 이제는 제 자신에게 때론 따뜻한 할머니,

자상한 엄마, 인자한 아빠, 가장 친한 친구가 되어줍니다. 자신의 마음을 돌보는 내면의 '좋은 자기'를 불러들이세요. 과거로부터 온 자기 개념이 긍정적이든 부정적이든 거기에 얽매이지 말고 현재의 자기를 스스로 돌보길 바랍니다.

　부모를 선택할 수 없듯이 자라는 동안 조건적 사랑에서 완전히 자유로운 사람은 없습니다. 다른 사람의 말이나 행동에 자존감을 내맡기게 되면 '의존성 자존감'에서 벗어나기 어렵습니다. 타인의 관심과 사랑이 자존감의 결정적 요인이 되면 늘 수용과 비수용의 문제 속에서 고통받게 됩니다. "다른 사람들이 칭찬해주거나 관심을 주면 금방 기분이 좋아지고 자존감이 높아져요. 그런데 조금만 무관심한 듯하면 기분이 가라앉고 부정적인 생각이 들어요"라며 괴로움을 호소하는 내담자가 있었습니다. 그런 날에는 하루 종일 "내가 뭘 잘못했나?" "혹시 그 사람이 싫어할 만한 행동을 했나?"라는 생각이 들어서 마음이 괴롭다고 했습니다. 타인으로부터의 칭찬이나 관심을 받는다는 것이 내담자에게 어떤 의미로 다가오는지 물어보니 "제가 가치 있는 사람이 된 듯 느껴져요"라고 말하면서 울먹였습니다. 이처럼 외부로부터 오는 사랑과 돌봄에 의존하게 되면 늘 존중과 수용의 결핍을 느낄 수밖에 없습니다. 자존감의 원천이 다른 사람의 반응에서 온다면 심리적 의존성으로 인해 자존감이 불안정해집니다.

자신의 가치를 타인에게 내맡기게 되면 '의존성 자존감'의 상태가 됩니다. 이로 인해 타인의 말과 행동에 따라 자기 개념이 부정적으로 또는 긍정적으로 변화되면서 자존감이 흔들립니다. 의존성 자존감이 심리학적 용어로 정립된 것은 아니지만, 우리가 어린 시절부터 성인이 되기까지 여러 번 겪을 만한 마음의 상태입니다. 그렇다고 해서 의존성 자존감을 불러일으키는 사람과의 관계를 차단하거나, 자신의 의존성을 탓하며 에너지를 소진하지 않아야 합니다. 자기 수용이 부재한 상태에서는 언제든 사랑과 존중에 대한 갈망으로 인해 괴로움이 일어납니다. 항상 타인이 자신의 욕구를 모두 채워줄 수는 없으니, 일정한 마음의 지분은 자신이 책임지고 스스로 돌보도록 합니다. 타인에 의해 부여된 가치가 곧 '자기 자신'일 수는 없습니다. 자기 자신을 있는 그대로 받아들이고 수용의 에너지로 감싸 안길 바랍니다. 그러다 보면 마음의 가장 안전한 공간이 '자기'임을 발견하게 될 것입니다.

의존성 자존감 다루기

여러분의 자존감에 긍정적인 영향을 주는 타인의 말과 행동은 무엇인 가요?

여러분의 자존감에 부정적인 영향을 끼치는 타인의 말과 행동은 무엇 인가요?

최근 자신에게 했던 비수용적인 말과 행동은 무엇인가요?

1.

2.

3.

다음에는 조금 다른 말이나 행동을 하고 싶은가요? 그렇다면 그 이유는요?

1. ---

2. ---

3. ---

나만의
자존감 밸런스

　　　　인간관계에서 애정과 수용, 지지를 받고자 하는 갈망은 다른 사람을 대하는 태도에 영향을 줍니다. 누구나 지닌 욕구이지만 지나칠 경우 자기 생각이나 감정을 드러내는 일이 어렵고 타인을 과도하게 의식하게 됩니다. 다른 사람에게 보이는 자신의 모습에 연연하다 보면 겉으로 드러나는 모습이 실제적인 '진정한 자기'와는 거리가 멀어집니다. 이런 사람들은 가까운 사람들 몇몇을 제외하고는 자기의 본래 모습이 노출되는 것을 원치 않기에 주변 사람들이라고 해도 다른 면을 파악하기 어렵습니다. 그러다 보니 대개 친밀하고 사교적인 사람으로 인식되며, 때론 조금 수줍어하고 내성적인 성향인 듯해도 신중하고 사려 깊은 사람으로 평가받습니다. 이들에게 외부의 긍정적인 평가는 자존감 향상에 영향을 미치지만, 다른 한편으로는 이를 지키고자 하는 애착으로 인해 거부에 대한 불안과 두려움을 느낍니다. 항상 '다른 사람들이 나를 알게 된다면 거부하거나 비판적으로 생각할 것이다'라는 믿음을 마음속에 지니고 있기에 자신이 만들어 높은 사회적 가면을 벗어던지기 어렵습니다.

사회적 상황에서 좋은 느낌이나 인상을 주고 싶은 마음이 지나치면 사람들과의 관계 속에서 비난을 받거나 거절당할 때 급격하게 감정적 소진을 겪습니다. 그런 경험을 겪은 후에는 차라리 다른 사람의 욕구에 맞추려는 행동으로 나타나는데, 이로 인해 자신이 원하는 바를 뜻대로 표현하지 못하게 되고 점차 욕구 억제로 인해 갈등과 불만족이 쌓여갑니다. 사람들로부터 멀어지는 것에 대한 두려움을 느끼다 보니 잠재적으로는 타인을 거부적이고 비판적인 존재로 간주합니다. 어린 시절 부모나 가까운 사람들이 매우 비판적인 태도를 보이거나 요구를 자주 거부했다면 더욱 타인에 대한 부정적인 믿음이 견고하게 발달됩니다. 물론 그런 부모에게서 자란 아이들이 모두 대인관계를 신경을 쓰고 의식하는 것은 아니지만, 아이에게 중요한 대상과의 경험은 성인이 되어서도 흔적을 남기는 경향이 있습니다.

대개 성인이 된 후에도 과거 비판적인 대상이 했던 것처럼 다른 사람들이 자신을 대할 수 있다는 믿음으로 인해 알 수 없는 불안과 걱정으로 마음이 편치 않게 됩니다. 다른 사람들이 자신의 부족한 부분을 발견하면 부정적으로 반응할 것이라 여기기 때문에 자연스럽게 자기를 드러내는 일이 어렵습니다. 이들은 자기 자신에 대한 부정적인 인식을 지니고 있어서 외부의 평가가 좋더라도 자존감이 낮은 편입니다. 실제로 심리 치료 가운데 "다른 사람들의 말 하나에도 신경이 쓰이고, 부정적인 피드백을 들으면 너무 힘들어요"라며 늘 관계 속에서 심리적 압박감을 크게 받는다는 호소를 자주 접합니다.

다른 사람의 호의적인 평가나 긍정적인 피드백이 중요하기는 하지만, 자기 욕구를 지나치게 억제한다면 다른 사람에게 반복적으로 이끌려가는 상황이 초래됩니다. 그러다 보면 자신의 감정에 대한 수용을 받기 어려워서 사람들 속에 있더라도 마음이 외롭기만 합니다. 그렇다면 주변 사람부터 시작해서 이전에는 말하지 못했던 자기 의사를 표현해보는 연습을 해봅시다. 또한 다른 사람의 말이나 행동을 여러 번 곰곰이 생각해보는 습관을 줄이고, 상대방의 거절을 자신을 싫어하거나 무시해서 하는 행동으로 해석하지 않도록 합니다. 나아가 상대가 이야기하는 주제의 범위나 표현하는 수준을 따라 대화하는 데 주저하지 않기를 바랍니다. 자신의 사회적 경험이 부족하거나 대화의 기술이 충분하지 않은 듯하다면 참고할 만한 사람의 말과 행동을 관찰해보고 비슷하게 따라해보면 좋습니다. 이때 자신이 그 사람이 된 듯한 느낌으로 행동해봅니다. 실제 심리 치료에도 '마치 ~인 듯 행동하기'라는 사회성 기술 훈련이 포함되어 있습니다. 여러 차례 반복하다 보면 점차 자신감이 생길 것입니다. 마지막으로 다른 사람의 생각이나 감정을 추측하며 혼자 부정적인 결론을 내리지 않도록 합니다. 만약 정말 누군가가 자신을 비난하거나 무시하는 말이나 행동을 한다면 이에 동요되지 않도록 하고 그 사람과는 심리적 거리를 두기를 권합니다. 자신을 공격이나 위협으로부터 보호하는 자기 통제감을 기르면 자기 인식이 좋아지고 자존감도 지킬 수 있습니다.

내면의 아이 돌보기

어린 시절의 '돌봄, 안전, 보호'와 관련한 중요한 경험을 떠올려봅니다.
아이의 관점에서 가장 기억나는 장면을 이야기해봅시다. 어떤 장면인
가요? 이때 아이는 무엇을 느꼈나요? 아이는 그 경험을 어떻게 받아들
였나요? 그리고 그 경험의 의미는 무엇인가요?

그 순간에 아이가 이해했다면, 혹은 인식했다면 좋았을 것을 몇 가지
적어봅니다. 가능한 간단한 문장으로 기록합니다.

마지막으로 한 번 더 그 장면을 떠올린 후 이번에는 어른이 된 자신이 그 아이 옆에 앉아 지금 자신이 알고 있거나 느끼는 것을 아이에게 설명해봅시다.

이제 마음속으로 아이가 자신에게 전해들은 말과 그 의미를 이해하는 장면을 그려봅니다. 그리고 그 아이에게 용기나 격려를 전하거나 하고 싶은 말을 해봅니다.

PART 02

마음의
코어 기르기

나를 너무
사랑하지도,
연민하지도,
혐오하지도 않는 마음

#나를
소외시키지 않기

우리는 스스로를 가치 있는 존재로 느끼고자 하고, 자존감을 세우기 위해 노력하면서 자신에 대한 긍정적인 관점이 무너지는 것을 막기 위해 애씁니다. 자신을 얼마나 가치 있는 사람으로 느끼는가에 따라 자존감과 긍정적인 느낌의 수준은 제각기 다릅니다. 개인의 유전적인 특질로 인해 성격상 자존감이 꽤 견고하거나 부모의 돌봄과 자라날 때 주위 환경으로부터 보호를 받음으로써 안정적으로 자존감을 유지하는 사람도 있습니다. 하지만 자존감은 고정적인 것이 아니라 여느 감정들처럼 주변 상황에 영향을 받습니다. 또한 순간적으로 자신에게 느끼는 긍정적인 감정이 변화되기도 합니다. 평소 자존감이 높은 사람도 여러 번 실패를 겪거나 중요한 관계에서 거부를 당하거나 생활이 무너진 경우에는 자존감이 내려앉을 수 있습니다. 반대로 자존감이 낮은 사람도 다른 사람에게 칭찬이나 인정을 받거나 시험 등에서 좋은 성적을 얻거나 원하는 목표를 이루면 자존감이 향상됩니다.

이처럼 자존감은 성격처럼 견고한 면이 있기도 하지만 환경이나 조건에 따라 변화되는 상황적 특징을 함께 지니고 있습니다. 이는 자존감을 좌우하는 요인이 다양함을 보여줍니다. 주어진 상황이나 주위 사람들의 태도가 자존감에 영향을 미치는 실험을 살펴봅시다. 3명의 사람이 컴퓨터 스크린을 통해 사이버 볼 게임을 했습니다. 처음에는 세 사람이 정해진 횟수만큼 서로에게 게임 볼을 주게끔 조건을 걸었고, 두 번째 게임을 할 때는 사전에 협의한 두 사람이 의도적으로 한 사람에게 볼을 주지 않는 상황을 연출했습니다. 게임이 진행되는 동안 한 사람은 다른 두 사람이 게임 볼을 주고받는 것을 지켜볼 수밖에 없었습니다. 이 조건 아래 게임은 5분간 진행되었고, 실험을 마친 후 소외된 한 사람에게 이 상황이 사전에 연출되었음을 설명했습니다. 그럼에도 전혀 알지 못하는 낯선 사람들에게 소외된 5분간의 경험은 한 사람의 자존감 수준을 떨어뜨렸습니다.

게임 볼 실험에서처럼 인간이 소외된 경험을 하게 되면 뇌의 전대상피질 활동이 증가합니다. 이 영역은 극심한 신체적 통증을 겪을 때도 활성화되는데, 거절이나 거부를 드러내는 말이나 태도를 포착하는 경우에도 신체적 고통과 같은 뇌 반응이 일어납니다. 게임 볼 실험에서의 소외가 자존감에 영향을 끼쳤듯이 일상에서의 부정적 경험은 자존감에 변화를 일으키기도 합니다. 여기서 우리가 주목해야 할 사실이 있습니다. 게임 볼 실험이 보여주듯 타인으로부터 소외되는 경험은 자존감에 일정 수준 영향을 미치는데, 과연 자신이 스스로에게 소외감을 느끼게 하는 행위자라면 어떨까요. 자기 마음에 소홀한 채 관심을 두지 않거나 자신의 감정을 외면해버리는 자기 무시가 일어날 때도 마찬가지로 주관적인 외로움이나 심리적 소외감을 크게 느낀다고 합니다. 타인으로부터의 소외보다 더욱 강력하게 자존감에 영향을 주는 요인은 바로 '자기 소외'인 것입니다. 이는 우리에게 자기 돌봄의 시간이 요구되는 이유이기도 합니다.

인생을 살아가다 보면 자존감을 위협하는 크고 작은 일을 끊임없이 맞닥뜨리게 됩니다. 이는 매우 자연스러운 삶의 법칙과 같습니다. 그러니 자존감이 낮아지는 상황을 마냥 두려워하거나 슬퍼하지 않기를 바랍니다. 오히려 스트레스를 주는 여러 사건에서 매번 살아남는다는 것이 불가능한 일임을 받아들이고, 힘든 일이 생길 때마다 앞서 언급했듯이 자기 자신을 이해하며 돌보는 시간을 갖도록 합니다. 얼마간 자신에게 쉴 수 있는 공간을 내어주며 차분하게 집중해봅시다. 자존감의 가장 연약한 부분은 어디인지, 자신이 인정하기 싫은 자기 모습은 무엇인지, 자존감이 흔들린다는 것은 자신에게 어떤 의미인지에 관해 생각해보면 좋습니다. 물론 이 질문에 직면하는 일이 쉽지 않을 수 있습니다. 그래도 자신을 더 많이 이해할수록 더 나은 자기가 된다고 믿으며 노력해봅시다.

자존감은 자기 삶의 중요한 영역에서 성취와 좌절에 반응하며 증가하기도 하고 감소하기도 합니다. 견고하고 안정적인 자존감을 지녔다고 해도 개인마다 느끼는 주관적 안녕감은 다릅니다. 높은 수준의 자존감을 보이는 사람들 중 누군가는 긍정적인 자기 개념을 가지고 있는 반면, 누군가는 열등감을 보상받으려는 사람일 수 있습니다. 후자의 경우 다른 사람이 자신을 어떻게 대우하는가에 민감하며 자기 품위를 유지하고자 신경 쓰는 '자존심'이 센 사람이 됩니다. 자존심이 강한 사람이 스스로를 자존감이 높은 사람으로 평가하는 경향이 있습니다. 그러나 그 내면은 열등감이 원천이 되는 경우가 많습니다. 그러다 보니 사랑과 존중에 대한 의미를 찾기보다 '대우받는' '무시당하지 않는' 것에 집중하며 그 틀에 갇혀 타인과의 관계에서 방어적으로 대응하면서 자존심을 지켜나갑니다. 의식적이든 무의식적이든 열등감을 보상하려는 시도 자체는 문제가 될 게 없지만, 방법을 달리해서 심리적 보상이 아닌 '어떻게 효율적으로 보완할지'를 고민하며 실제적 보완에 초점을 두는 것이 좋습니다.

누구나 무르고 약한 부분이 있습니다. 다만 자기 취약성을 문제로 삼기 때문에 열등감에 빠지는 것입니다. 자존심이 건강한 자존감으로 나아가기 위해서는 먼저 자신의 취약한 일부를 인정하고 받아들여야 합니다. 그런 다음 변화를 위한 행동을 취하면 됩니다. 변화를 위한 계획은 효율성이 중요하므로 처음에는 작은 실천 행동부터 마련해서 시작하도록 합니다. 예를 들면 '하루 10분 나의 감정 알아차리기' '업무 시간에 화내지 않기' '자기 약점의 긍정적인 측면 찾기'(가령 '말이나 행동에 조심스럽다 보니 남들보다 신중하다' '민감한 편이지만 타인의 장점이 잘 보인다' '성격이 급해서 누군가 도움을 요청하면 제일 먼저 달려간다')와 같이 자신에게 도움이 될 만한 보완책을 마련해봅니다.

자존감을 향상하는 데 감정 조절이 필요하다면 우울, 불안, 분노, 소외감 등의 감정에 이름을 붙여주고 그 감정을 느낄 때 해당되는 이름을 친절하게 불러주며 내면 감정과 따뜻한 대화를 나눠봅니다. 한 내담자는 심리 치료 후 우울한 감정('주디'라고 이름을 붙였다고 한다)을 느낄 때마다 "안녕, 주디. 오늘 많이 힘든 날이었구나. 다른 날보다 지쳐 보여. 우리가 뭘 해보면 좋을까?"라고 친절하게 말을 걸며 다가간다고 했습니다. 저는 가끔 내담자들에게 "자기 감정을 다룰 때도 사회적 기술이 필요해요"라고 말하곤 합니다. 우리가 다른 사람과 상호작용할 때 쓰는 좋은 사회적 기술을 자기 감정과의 관계에서도 적용해보면 어떨까요? 관심을 기울이며, 부드러운 목소리로, 친절한 말투로, 서두르지 않으면서 배려하는 마음으로 말입니다. 각자 지니고 있는 가장 멋진 사회적 기술을 자신에게도 발휘해봅시다. 실제로 클리닉의 몇몇 내담자에게는 각각 주디, 하늘, 파도, 토토, 제임스 등의 애정 어린 이름을 가진 감정들이 있습니다. "선생님, 저는 이번 주에 토토와 가장 많은 시간을 보냈어요"라고 말하며 환히 웃곤 합니다. 그 모습이 무척 사랑스럽고 대견하게 느껴집니다. 상처가 남긴 우울이라는 감정이 내담자에게 이제 원치 않는 감정이 아닌, 언제라도 돌봐 줘야 할 감정이 되었기 때문입니다.

자존감의 높낮이로부터
자유로운 사람

'자존감'에 해당하는 영어 단어 self-esteem에서 esteem은 '존경하다'는 의미가 있지만 '~라고 여기다'라는 뜻도 있습니다. 그러므로 자존감은 스스로가 얼마나 가치 있다고 여기는지에 관한 자기 인식입니다. 가치라는 것은 매번 다양하게 변화하기에 상당히 주관적이고 불안정합니다. 자기 모습 중 무엇을 가치로 두는가에 따라 자존감이 안정적으로 유지될 수도 있지만 그렇지 않을 수도 있습니다. 따라서 자신을 소중하고 의미 있는 존재로 여기기 위한 과정은 부단한 노력이 요구됩니다.

흔히 자신이 자존감이 높은 사람인가를 두고 자기 평가를 많이 하는데, 이는 자존감 수준을 늘 일관성 있게 유지하고

자 하는 집착이 될 위험이 있기에 주의가 필요합니다. 자존감을 고정된 것으로 생각하지 말아야 합니다. 어제는 자존감 수준이 어땠는지 1점에서 100점까지 점수를 매길 때, 어느 정도가 되어야 자기 가치를 높은 수준으로 평가할 것인지 생각해볼 필요가 있습니다. 오늘의 자존감 수준을 내일도 동일하게 유지할 수 있을까요? 과연 가능한 일일까요? 그러므로 자존감 수준에 대한 스펙트럼이 넓어야 하고 심리적 허용치 역시 높아야 합니다. 즉, 자존감이 낮아지는 날을 문제 삼지 않고 자연스럽게 자신의 상태를 스스로 수용하는 것입니다.

항상 자존감이 높아야 한다는 식의 자존감 수준에 대한 당위적 신념이 오히려 역기능적 태도를 불러일으킬 수 있습니다. 진정으로 자신을 존중하는 태도를 갖추고 싶다면, 안정된 마음의 상태를 유지하는 데 애쓰지 말고, 불안정한 자신의 상태를 기꺼이 수용하는 마음의 태도를 기르는 것이 중요합니다. 온전한 수용과 무조건적 존중의 핵심은 자기 가치에 대한 조건을 두지 않는 것입니다. 오늘날 흔히 자존감이 높은 사람은 다른 사람의 비난이나 무시, 거부에도 마음이 흔들리지 않는 이로 인식하고 있습니다. 타인의 부정적인 평가에 정서적으로 동요하지 않는 사람은 없습니다. 이런 인식은 오히려 사회가 부여한 자존감에 대한 그릇된 신념이라 할 수 있습니다.

이런 사회적 분위기가 팽배하면, 기분이 저조해지거나 화가 나는 등의 감정이 들 때 '무엇인가 일이 잘못된' 상태로 인식하기도 합니다. 즉 자기 감정을 그대로 인정하지 않고 자신을 비난하는 것이 자존감이 낮은 사람이나 하는 행동이라고 생각해버리는 것입니다. 때론 심리학자인 저도 '내가 왜 그랬을까' '좀더 신중했어야 했어'라고 자기 비난을 하곤 합니다. 이내 스스로를 비난하는 마음을 알아차리고 반응 태도를 달리하도록 신경을 씁니다. 우리에게 필요한 자기 비난에 대한 대응 매뉴얼은 '자기 비난을 하지 않아야 해'라는 신념의 전환입니다. 자기 비난을 통제하려고 하기보다는 그런 마음이 일어날 때 무엇을 할지 다음 단계를 생각해두는 것입니다. 자기 비난이 일어나면 감정이 편치 않다는 신호이므로 감정에 직접 다가가는 방법으로 대처하도록 합니다. 상처 입은 감정에 머무르며 그 마음을 알아주고, 좀더 잠잠해질 때까지 기다리면서 자기 연민의 따뜻한 말로 위로를 건네길 바랍니다.

자기를 존중한다는 것은 아무 상처도 받지 않거나 스스로를 절대 비난하지 않는 것이 아닙니다. 비록 마음이 상처와 아픔으로 흔들리더라도 '괜찮아, 그런 날도 있단다'라고 안아

줄 수 있는 '관대한 자기'의 내적 힘으로 치유를 돕는 것입니다. 높은 수준의 자존감을 유지하려고 애쓰지 마세요. 자존감의 높낮이에 개의치 말고 건강한 자존감을 증진하는 데 신경을 쓰도록 합니다. 건강한 자존감은 '관대한 자기'를 잘 운영하는 데서 나옵니다. 마음 안에는 누구나 '관대한 자기'가 있습니다. 사랑하는 사람, 소중한 친구 혹은 주변 지인이 절망에 빠져 낙담하고 있을 때 우리는 어떤 마음으로 다가가나요? 그들이 상처에서 회복되길 바라고, 어려움을 극복하길 응원하는 내 안의 모습이 바로 '관대한 자기'입니다. 자신의 내면에 치유를 돕는 힘이 내재되어 있음을 잊지 말기 바랍니다. 우리 마음속에는 '비난하는 자기'와 '관대한 자기'가 모두 자리하고 있지만, 어떤 모습을 자주 불러들여 친숙해지는지에 따라 마음의 주인이 달라집니다. 가끔 클리닉의 내담자에게 이런 말을 할 때가 있습니다. "자신 안의 관대한 자기를 불러오세요. 늘 마음속에서 준비하고 있는데 자주 불러들이고 만나지 않으니 마음 어딘가에서 늘 기다리고 있어요."

유연한 사고를 만드는
여섯 가지 방법

동일한 사건에 대해서 사람들마다 다르게 반응하는 이유는 무엇일까요? 우리 기분 상태는 사고의 내용과 밀접하게 관련되어 있습니다. 인지 치료를 개발한 심리학자 에런 벡Aaron T. Beck은 사건이 감정을 유발하는 것이 아니라 그 사건에 대한 해석이 감정을 결정한다고 보았습니다. 퇴근길에 갑작스러운 교통 체증으로 인해 도로에 갇혀 있는 상황이라고 가정해봅시다. 어떤 사람은 크게 짜증을 내며 예민해지는 반면, 어떤 사람은 라디오나 음악을 들으며 기다립니다. 상황에 대한 해석은 깊게 뿌리 박힌 습관적 생각의 영향을 받습니다. 머릿속에서 끊임없이 반복되는 부정적인 생각이 있다면 원치 않는 감정에 휘둘리게 될 확률이 높습니다.

부정적이고 비판적인 생각은 우울한 기분에 영향을 끼칩니다. 이때는 자기 자신에 관해 '무가치하다, 쓸모없다, 나약하다' 등의 평가절하를 합니다. 이런 생각은 일순간 자신감과 자존감에 영향을 줍니다. 우울한 기분 상태에서는 자신에 대한 생각이 명백한 사실이며 상황을 달리 볼 여지가 없다고 느낍니다. 다른 쪽으로 생각을 전환하거나 통제하지 못하다 보니 종종 다른 사람의 의도를 오해하곤 합니다. 특히 가족, 연인, 친구, 동료 등 가까운 주변 사람의 마음을 부정적으로 추론하며 고통받습니다. 가령 '나는 가족들에게 짐이 될 뿐이야' '동료들에게 나는 도움이 안 되는 사람이야' '이 사람도 결국 날 떠날 거야' 등의 극적인 생각을 하는데, 심지어 심리 치료를 받는 동안에도 '치료자가 날 좋아하지 않는 것 같아'라며 마음의 문을 닫아버리기도 합니다.

자신을 괴롭히는 부정적인 생각의 영향에서 벗어나기 위해서는 구체적인 방법이 필요합니다. 수시로 자신을 옭아매는 정신적 고통에서 빠져나오려면 무턱대고 '이런 생각을 하지 말자'라는 다짐만으로는 부족합니다. 이때는 견고한 신념에 효과적으로 대처할 수 있는 대안이 필요합니다. 사고의 객관성과 유연성을 돕는 인지적 전략, 쉽게 말해 생각을 다루는 기술이 도움이 됩니다. 생각을 다루는 다양한 방법을 알게 되면 다양한 관점을 얻으면서 심리적 유연성이 생깁니다. 부정적인 생각을 다루기 위해서 개인이 쉽게 할 수 있는 몇 가지 방법을 소개합니다. 단, 방법을 알고 있다고 한들 연습을 통해 스스로 갈고 닦지 않으면 실력이 향상되지 않습니다. 운동을 막 시작했을 때는 러닝 머신 위에서 숨이 차고 힘이 들어서 얼마 못 버텨내지만 꾸준히 연습하다 보면 원하는 만큼 해낼 수 있는 것과 같습니다. 몸이든 마음이든 새로운 시도가 익숙해지려면 자주 해봐야 합니다.

생각의 유연성을 키우기 위한 첫 번째 전략은 '부정적인 생각에 반박하기'입니다. 자신을 괴롭히는 생각의 내용을 객관적이고 보편적인 사실을 토대로 반론을 제기해보는 것입니다. 가령 '나는 단점이 많아'라는 생각에는 '모든 사람은 다 단점이 있어. 그리고 단점이 있다고 해서 무가치한 것은 아니야'라고 반박할 수 있습니다. 원래의 생각과 반대되는 증거를 찾아 간결하면서도 명료하게 반박하고 그 내용이 현실적이어야 합니다. '나는 매번 실수만 해'라는 자책에 '난 잘 해낼 수 있어'라고 무작정 선언하는 것은 효과적인 반론이 아닙니다. 현실적이지 않은 반박으로는 자기 자신은 물론 다른 누구도 설득하기 어렵습니다. 차라리 '모든 걸 다 잘할 수는 없어. 실수는 누구나 할 수 있어'라고 하는 편이 훨씬 낫습니다.

두 번째 전략은 '극적인 생각을 전환하기'입니다. 우울한 기분 상태에서는 행동의 결과를 예측할 때 대부분 최악의 상황을 떠올리는 경우가 많습니다. '내가 부탁하면 분명 사람들이 거절할 거야' '이번 면접에서도 틀림없이 실수하게 될 거야'와 같이 앞으로의 일이나 미래에 대해 늘 부정적인 생각을 하는 것입니다. 이를 '재앙적 사고'라 합니다. 이런 사고의 내용을 다룰 때는 문제를 해결하기 위한 대안을 찾는 질문을 하면 도움이 됩니다. 극단적인 생각을 '만일 ~하면 어떻게 하지?'로 전환하도록 합니다. 과도한 불안이 아니라 누구나 할 수 있는 걱정의 수준으로 낮추는 것입니다. '분명 ~할 것이다'라고 확신하면 그 내용이 마치 사실처럼 느껴져서 새로운 시도를 할 수 없게 되고, 경험의 폭이 제한됩니다. 상황에 맞는 정상적 불안과 정상적 우울로 전환해봅시다. 여기서 '정상적'이라는 표현을 쓰는 이유는 비슷한 상황에서 누구라도 그 순간이나 한동안은 불안과 우울을 느낄 수 있어서입니다.

세 번째 전략은 '이중 잣대 검토하기'입니다. 우울한 기분 상태일 때는 자기 실수는 과대평가하고 타인의 잘못은 과소 평가하는 경향이 있습니다. 자신의 행동에 대해서는 높은 기준을 두고 일상의 사소한 실수일지라도 '나는 왜 늘 이 모양이지' '정말 바보 같아'라며 자책과 비난을 합니다. 반면 주변 사람이 같은 실수를 할 때는 '그럴 수도 있지, 뭔가 착오가 있었나 보네' '바쁘다 보면 실수할 수 있지'라며 유연한 태도를 보입니다. 이중 잣대를 살펴볼 때는 자신에게 적용하는 기준이 다른 사람에게도 동일한지 검토합니다. 한 내담자는 타인을 대할 때와 달리 자신에게 엄격한 기준을 두는 이유를 "자신에게 느슨하면 같은 실수를 반복할 것 같아서요"라고 설명했습니다. 자기 실수에 민감하다 보면 늘 문제에만 초점을 둘 수 있어서 자존감이 흔들리기 쉽고 수시로 우울한 기분을 느낄 수 있습니다. 혹시 실수는 크게 받아들이고 성취에 대해서는 '어쩌다 운이 좋아서' 혹은 '다른 사람들도 다 이 정도는 하는데'라며 스스로를 평가하지 않는지 살펴봅시다.

네 번째 전략은 '주의를 전환하기'입니다. 부정적인 생각이 들 때마다 '멈춰' '그만' 'stop'이라고 외치며 현재의 순간으로 관심을 돌려놓는 것입니다. 이는 생각이 연쇄적으로 일어나지 않도록 차단해주는 기능을 합니다. 특정한 생각을 통제한 후에는 지금 이 순간에 주의를 두도록 합니다. 자신이 하던 일이

나 주변의 풍경, 어딘가에서 들려오는 소리 등 무엇이든 좋습니다. 주의를 전환하도록 자기만의 통제 신호를 만들어봅시다. 클리닉의 한 내담자는 복잡한 생각이 들 때마다 자기 이름을 부르며 그 순간 생각을 멈추고 주의를 현재로 되돌린다고 합니다. 이 과정을 지속적으로 연습하다 보면 생각을 조절하는 힘이 길러지고 나아가 자신이 원할 때 바라는 곳으로 관심을 돌릴 수 있는 주의 조절 능력이 향상됩니다.

　마지막 전략은 '생각과의 거리 두기'입니다. 자기 생각을 관찰자 입장에서 바라보는 것입니다. 기분이 저조하면 스스로를 부정적으로 평가하기 쉽습니다. 그러다 보니 '나는 나약해' '난 자존감이 낮아' '난 소심해'라는 생각이 일어납니다. 이때의 생각은 현재의 감정에 영향을 받아 생겨난 마음의 조각일 뿐입니다. 그런데 이런 생각에서 벗어나지 못하고 그 내용을 자기 정체성으로 받아들여 '나약한 나, 자존감이 낮은 나, 소심한 나'로 살기도 합니다. 이와 같은 정신적 습관은 부정적인 생각을 증폭시키고 연관된 행동을 유발할 수도 있습니다. 생각과 거리를 두는 연습을 할 때는 부정적인 사고를 사실로 여기지 말고 하나의 정신적 사건으로 처리합니다. 생각의 지속적인 흐름을 관찰하다 보면 특정한 생각에 사로잡히지 않게 됩니다. 하루 중 몇 분이라도 현재 드는 생각으로부터 물러나서 관찰자 입장으로 바라봅시다. 그러다 보면 객관적으로 마음을 볼 수 있습니다.

지금까지 생각의 유연성을 키우는 데 도움을 주는 주요 전략을 살펴보았습니다. 앞서 소개한 여섯 가지 전략을 수월하게 이용하려면 6주에서 8주 정도 꾸준히 연습하는 것이 좋습니다. 전략 가운데 자신에게 잘 맞는 방법이 있다면 감정 소모가 크고 부정적인 생각에 압도되는 날마다 생각을 다루는 비상 키트처럼 사용하길 바랍니다. 자신에게 도움이 될 만한 구체적이고 효율적인 방법을 활용해 심리적 고통에 대응하다 보면 담대한 마음을 지닌 스스로를 발견하게 될 것입니다.

가치가 뚜렷할수록
불안은 줄어든다

　　　　　심리적인 좌절과 절망감을 느끼게 하는 일상의 스트레스 사건들은 자존감에 영향을 끼칩니다. 충격적이며 커다란 사건은 단 한 번 경험하더라도 정서적인 안정을 찾기 어려울 수 있고, 사소한 일도 반복적으로 겪다 보면 무기력해지면서 문제를 해결해갈 자신감을 떨어뜨립니다. 우리 마음에 영향을 준 사건들은 상상하는 것만으로도 비슷한 상황에서 어찌할 바를 모르게 합니다. 그러다 보니 이전에 괴로웠던 경험을 떠올리거나 상황이 반복되면 과도하게 긴장하고 불안이 커지면서 때론 회피 행동으로까지 이어집니다.

　특정 상황에 대한 회피는 불안한 마음에서 벗어나도록 도와주기 때문에 일시적으로 안도감을 줄 수는 있으나 잠재적인 문제로 남아 삶의 장벽이 됩니다. 더군다나 자신의 회피 행동이 평소에 원하던 삶의 목표나 가치와는 먼 결과를 초래한다면 후회와 자책으로 인해 더 큰 괴로움에 빠지기 쉽습니다. 회피 행동을 통해 당장은 심리적 고통을 덜겠지만 결국에는 마음속에 또 다른 불안만 켜켜이 쌓을 뿐입니다. 어떻게 해야 이런 악순환에서 벗어날 수 있을까요. 가만히 살펴보면, 회피를 선택하든 도전하든 간에 불안을 느끼는 것은 마찬가지라는 점을 깨달아야 합니다. 회피 행동은 문제를 극복하는 데 도움이 되지 않으니 불안이 남을 것이고, 도전 행동은 미래에 관한 일이기에 불안하기 마련입니다. 무엇을 선택하든 불안은 피해갈 수 없습니다. 그렇다면 어떤 결정을 해야 자신에게 도움이 될까요?

우리에게는 더 나은 삶에 대한 욕구가 있습니다. 미래에 대한 희망이나 기대의 부재는 우울증의 원인이 될 만큼 영향력이 큽니다. 그런데 회피 행동은 더 나은 삶을 꿈꾸는 것을 방해하는 근본적인 문제가 됩니다. 마음속으로 '도전을 해보고 싶지만 불안하고 두렵다'라는 내적 갈등이 일어나는 것입니다. 자신의 소망과 두려움이 공존하는 상태입니다. 심리학에서 이를 '접근-회피 갈등'이라고 합니다. 원하는 바를 얻고는 싶지만 두려움 때문에 주저하게 되는 심리적 딜레마를 말합니다. 접근-회피 갈등은 심리 치료에서 자주 다루는 주제이기도 합니다. 내담자가 자신의 바람에 반하는 행동을 하려 할 때마다 "불안을 느끼지 않으려 하면 앞으로의 일이 더욱 두렵게 느껴질 수 있어요. 오히려 삶의 가치나 목표를 향해 갈 때 일정 수준의 불안을 기꺼이 느끼려고 해보세요"라고 안내합니다. 불안하더라도 우리는 자신에게 가치 있는 행동을 선택할 수 있습니다. 사실 '원하는 목표를 이루고 싶지만 불안은 느끼고 싶지 않다'라는 내면 욕구로 인해 괴로움을 겪습니다. 좀더 깊이 파고들면, '고통은 느끼고 싶지 않다'라는 신념이 작용하기 때문입니다. 그러다 보니 정상적인 불안도 감당하기 어려운 수준에까지 이르게 됩니다. 새로운 도전을 피하면 불안만 남겠지만, 삶의 가치를 추구하기 위해 행동한다면 불안 외에도 의미와 보람, 희망을 얻습니다. 심리적 고통을 회피하는 데 몰두하느라 자신에게 진정으로 소중한 것을 돌보지 못하면 오히려 더 큰 고통을 겪을 수 있습니다.

삶의 가치가 분명해지면 더 이상 자신이 나약해 보이지도 않고, 그리 나쁘다고 여기지 않으며, 자책할 이유가 사라집니다. 가치는 삶을 의미 있고 활기차게 만들어주는 모든 것을 가리킵니다. 저마다 중요하게 여기는 가치는 다양하며 때에 따라 우선하는 가치가 달라질 수도 있습니다. 올해는 대인관계가 자신에게 최우선의 가치일 수 있고, 내년에는 건강을 살피거나 여가를 즐기는 일이 중요할 수 있습니다. 삶의 가치를 탐색할 때는 조건에 따라 일, 사랑, 인간관계, 취미, 여가, 건강 등의 다양한 영역별로 세분화합니다. 삶의 가치는 옳고 그름의 문제가 아니기에 누군가의 가치를 두고 평가할 수 없습니다. 가치는 그저 개인이 선택한 삶의 방향입니다. 이는 마치 길을 잃고 헤맬 때 어디를 향해 나아갈지 안내하는 나침반과 같습니다. 다만 자신이 소중하게 여기는 방향으로 나아가고 있다고 해도 늘 좋은 느낌을 경험하는 것은 아니라는 점을 유념하길 바랍니다. 삶의 가치를 정하고 이를 향해 갈 때는 '좋은 삶'이 아니라 '더 나은 삶'에 초점을 두도록 합니다. 그런 다음 가치에 맞는 작은 것부터 실천해보면서 가치와 일치하는 일상을 만들어갑시다. 가령 '타인에게 친절하기'를 가치로 정했다면 '비난하는 말을 하지 않기' 또는 '장점을 말해주기' 등의 세부 목표나 세부 행동을 계획합니다. 그리고 주변의 가까운 사람들부터 시작해 직접 행동하며 실천합니다.

삶의 가치를 영역별로 만들어보고 행동하면서 실천하다 보면 자신에 대한 좋은 느낌과 더불어 삶의 의미를 발견하게 될 것입니다. 또한 늘 불안과 두려움으로 인해 피하고자 했거나 실제로 피해왔던 문제를 극복하는 데 도움이 됩니다. 우리가 가치를 세우는 이유는 의미를 둔 삶의 방향으로 나아가기 위해서입니다. 가치 있는 삶이란 특정 결과를 얻는 것이 아니기 때문에 결과에 연연하지 말고 과정에서 의미를 발견하도록 합시다. 살다 보면 가치에 부합되는 방향으로 나아갈 때도 있고 그렇지 않을 때도 있습니다. 그렇지만 다시 되돌아 갈 수 있는 길이 있음을 기억하길 바랍니다.

친구와의 갈등을 겪은 다음 클리닉을 찾아 온 내담자는 "친구가 제게 화가 났는지 여러 번 연락해도 잘 받지를 않아요"라며 속상해했습니다. 자신의 연락에도 침묵으로 일관하는 친구의 행동이 서운하고 화가 나서 감정 섞인 내용의 문자를 보냈다고 했습니다. 내담자의 서운한 감정을 살핀 다음 평소 친구관계에서 소중하게 여기는 가치를 묻자 '배려'라고 답했습니다. "친구 사이에서 의미 있는 행동을 배려라고 하셨는데요. 이 상황에서 상대를 배려하는 작은 행동을 선택한다면 무엇을 해볼 수 있을까요?"라고 질문하자 잠시 생각한 다음 "조급해하지 말고 기다리는 것이네요"라고 말했습니다. 며칠 후 그 친구에게서 먼저 연락이 와서 서로 관계에서 중요하게 생각하는 부분을 이야기했고, 갈등이 생겼을 때 혼자만의 시간이 필요한 친구의 패턴을 이해하게 되면서 좋은 시간을 보냈다고 했습니다. 한 번씩 '내가 소중하게 여기는 가치가 무엇이었지?'라고 스스로에게 질문하며 자기 욕구와 가치를 구분해볼 필요가 있습니다. 가치에 따른 행동을 선택하더라도 마음이 지치거나 힘들기도 하고 당장이라도 하던 일을 놓고 달아나고 싶기도 합니다. 그럴 때는 자기 가치에 대해 다시금 생각해보며 '지금 이 행동이 나의 가치에 부합되는지' 돌이켜봅니다. 그러다 보면 좀더 지혜로운 해답을 얻을 수 있을 것입니다. 가치 있는 행동을 이어가도록 곁에서 러닝메이트처럼 함께 뛰어주는 '응원하는 자기'를 내면으로부터 끌어내봅시다. 그리고 다시 움츠린 어깨를 바로 세우고 앞을 바라보며 달려나가세요.

가치 발견하기

인생의 남은 시간이 3개월이라고 가정해봅니다. 가족, 연인, 친구, 주변 사람들에게 어떤 말을 해주고 싶은가요?

어느 날 외딴 섬에 홀로 남겨진 채 외부와 연락조차 할 수 없는 상황이라고 상상해보세요. 하루, 이틀이 지나고 일주일이 지났습니다. 과연 가족, 연인, 친구, 주변 사람들의 마음은 어떨까요?

만약 당신이 지금 80세가 되었다면? 다음 문장의 빈칸을 채워보세요.

나는 _____을 하느라 너무나 많은 시간을 써버렸네.
나는 _____을 하는 데는 그다지 시간을 쓰지 못했네.

가치를 탐색하기 위한 질문에 어떤 답을 했나요? 앞으로의 삶에서 소중하게 지키고 싶은 가치가 있다면 영역별로 정리해봅시다.

가족 :

연인 :

친구 :

직업 :

여가 :

건강 :

그외 :

감정이 지나간 후에
생각하는 습관

　　　　　불안, 긴장, 두려움, 분노와 같은 감정은 즐거움이나 행복만큼이나 중요하고 유용한 감정입니다. 흔히 부정적인 마음의 상태로 여기는 이 감정들은 우리가 대처해야 할 잠재적 위험으로부터 스스로를 보호하는 기능을 합니다. 다만 이때는 자율 신경계 각성으로 인해 상황 단서에 민감해지기 때문에 사소한 문제도 크게 인식하는 경향이 있습니다. 그러다 보니 과도한 방어나 경계가 일어나기도 합니다. 감정적으로 대응하다 보면 말실수나 잘못된 행동을 해서 상대로부터 오해를 받거나 부정적인 피드백을 받을 수 있습니다. 가만히 돌이켜보면 별일 아닌데도 크게 반응하다 보니 자기 통제 능력에 대한 확신이 낮아지고 감정은 더욱 강렬해집니다.

원치 않는 감정일지라도 자기만 느끼는 것이 아니며 누구나 흔히 특정 상황이나 사람에게서 겪는 극히 자연스러운 반응입니다. 문제는 감정의 동요가 클 때 순식간에 자신이 압도되고, 이때의 감정이 불쾌하게 느껴져서 부정적인 평가가 자동적으로 따라올 때 일어납니다. 가령 '불안해서 짜증이 나' '두려움에 화가 나' '긴장 때문에 불안해'라며 일차 감정에 이차 평가를 해버리는 것입니다. 일차 감정에 대한 평가가 일어나면 또 다른 감정이 켜켜이 쌓이게 됩니다. 따라서 항상 일차 감정을 잘 다루는 것이 중요합니다. 일차 감정에 대한 부정적인 평가가 감정의 연쇄적 확산에 영향을 끼치기 때문에 새로운 대처 방법이 요구됩니다. 이는 바로 감정에 대한 수용입니다.

일차 감정을 판단하지 않고 수용하면 감정의 연결 고리를 차단할 수 있습니다. 오히려 수용 전략이 강력한 통제 전략이 되는 것입니다. '감정을 수용하면 더욱 커지는 것은 아닐까'라는 염려가 들 수 있지만, 일단 감정을 받아들이면 오히려 안정감이 들면서 점차 잦아드는 것을 느낄 수 있습니다. 가까운 누군가가 자신의 감정을 수용해줄 때 마음이 진정되는 것과 같습니다. 감정을 수용하면 다음과 같은 효과가 있습니다. 우선 감정의 영향에서 벗어나게 됨으로써 자신을 긍정적으로 바라보게 됩니다. 또한 불안이나 긴장, 분노와 두려움이 일어나려 하는 지점부터 낮출 수 있어 감내 능력이 향상됩니다. 나아가 습관적으로 일어나는 감정의 연쇄 작용이 통제 가능하고, 감정에 대한 부정적인 인식의 변화가 일어나 일차 감정을 자연스럽게 받아들일 수 있습니다.

감정을 수용하는 것은 그리 어렵지 않습니다. 단지 있는 그대로 알아봐주면 충분합니다. '내가 지금 불안하구나' '지금 마음 안에 두려움이 있구나' '내가 화가 나 있구나'라고 그 순간의 감정을 느끼는 대로 인정해주는 것입니다. 얼마 전 한 내담자가 "가까운 사람 때문에 화가 나면 집에 와서 한참 생각을 해봐요. 나름대로 상대방을 이해하려고 노력하는데 잘 안 되고, 정답을 찾을 때까지 이유를 파헤치다 보면 늘 너무 지쳐요"라고 속상한 마음을 전했습니다. 그리고 "나는 늘 이렇게 이해하려고 애쓰는데 상대방은 그렇지 않은 것 같아 화가 나요"라며 말을 덧붙였습니다. 그런데 내담자의 말을 가만히 듣고 내용을 살펴보니 상대방을 이해하기 위한 노력이라기보다 자신의 불편한 감정을 스스로 견디기 힘들다 보니 원인이 될 만한 단서를 찾는 상황인 듯했습니다. "마음이 불편할 때는 오히려 그런 자신의 불편한 감정을 헤아려주세요. 화난 감정을 안은 채 상대방의 마음이나 의도를 살피다 보면 오해만 더욱 쌓일 수 있어요. 정말 자신의 감정이 편해지길 원한다면 그 감정 그대로 알아주고, 기분이 좋아지는 음악을 듣거나 산책하거나 그림을 그리거나 하면서 마음을 돌봐주면 어떨까요?"라며 내담자에게 제안했습니다.

감정의 정답을 찾다 보면 불필요한 정신적 소진을 겪기 마련이고, 그러면서 원하는 답을 찾지 못할 때는 더욱 답답하기만 할 것입니다. 이런 상태는 마치 '감정아, 잠시만 기다려. 내가 뭔가를 찾아봐야 하거든. 지금은 널 돌볼 수 없어'라고 다음 차례로 미루고 감정을 기다리게 두는 것과 같습니다. 엄밀히 말하자면 지금 자신의 감정은 상대방의 탓이나 상황 때문에 일어난 것이 아닙니다. 사람들 모두가 상대방의 같은 말에, 혹은 어떤 비슷한 상황에 똑같은 감정이 드는 것은 아니기 때문입니다. 내 마음 안에서 일어난 스스로의 소란스러움입니다. 그러니 먼저 감정을 받아들인 후 돌봐주고 난 다음에 어떻게 해결하면 좋을지 생각해봅시다. 감정이 편안해져야 괜찮은 해결 방법을 찾을 수 있습니다.

추측하고 가정하고
넘겨짚지 않기

인생의 어느 시점에서 기대하는 일이 잘 이뤄지지 않으면 자기 확신이 낮아지면서 자신감이 저하됩니다. 때론 낙담과 절망이 깊어지며 마치 벼랑 끝에 서 있는 듯 일상의 동기와 의욕마저 모두 빼앗깁니다. 대인관계에서 반복적인 절망감을 느꼈다면 새로운 관계를 맺는 일이 쉽지 않고 때론 기존의 관계마저 기피하게 될 것입니다. 생각과는 달리 원치 않는 결과가 반복되다 보니 자신감이 떨어지고 어떤 일을 해낼 수 있다고 믿는 자기 효능감이 떨어집니다. 그러나 기분이 저조할 때는 사고의 편향이 일어나기 쉬워서 사실을 객관적으로 보기 어렵습니다. 우리는 인과관계가 모호한 것을 견디지 못하는 경향이 있으므로 스스로 통제할 수 없는 상황에 놓였을 때 어떻게든 문제의 원인을 찾으려 합니다. 그러면서 상대방의 의도와 동기를 추측하기 시작합니다. 이를 '가정된 의도assumed intention'라 합니다.

가정된 의도는 이해하기 어렵거나 받아들이기 힘든 타인의 행동에 관한 이유를 찾으려는 추론 과정을 뜻합니다. 그러다 보면 주관적 추론과 가정을 사실이나 옳은 것으로 믿어버리는 문제가 생겨납니다. 또한 자신이 추측한 내용을 검증하지 않는다면 일방적인 견해가 되기 마련이며 자기 생각이 타당하다고 여겨 다른 관점에 귀 기울이지 않습니다. 즉 '내가 생각하는 바가 곧 진리'가 되는 셈입니다. 이처럼 비합리적인 결론에 도달하기 쉬운 '가정된 의도'가 습관이 되면 문제를 해결할 때 다양한 문제 해결 방법이나 대안을 얻지 못할 수 있습니다. 그럴 경우 늘 같은 문제가 반복될 것입니다. 좌절이나 절망만 안겨줄 뿐 그다지 도움이 되지 않는데도 같은 방식으로 해결하려 한다면 또 다른 괴로움만 낳게 됩니다.

습관적인 문제 해결 방식에서 벗어나려면 어떻게 해야 할까요. 먼저 다른 사람의 생각이나 행동에 대한 심리적 허용치를 높여야 합니다. 다른 사람의 관점을 허락하다 보면 여러 견해를 볼 수 있기에 사고의 유연성이 커집니다. 둘째, 평소와 달리 반대의 행동을 취해봅니다. 가령 예전에는 자기 의견을 내세우는 편이었다면 이제 상대방이 더 많은 의견을 내도록 양보합니다. 의사 소통을 할 때 주로 듣는 쪽이었다면 반대로 자기 표현을 늘려봅니다. 이전과 다른 행동을 하다 보면 전에는 미처 보지 못했던 새로운 측면을 보게 될 것입니다. 셋째, '대안적 사고'를 합니다. 신경학적으로 우리 뇌 속의 회로는 특정 방식으로 자주 사용할수록 그 부분만 더욱 견고해집니다. 항상 하나 이상의 대안적인 사고를 떠올려보고 새로운 생각을 확신에 찬 태도로 받아들여봅니다. 넷째, 다른 사람의 관점이 되어봅니다. 현재 자신이 납득하기 어려운 상대방의 행동이 있다면 가까운 친구나 합리적인 사고를 지닌 주변 사람의 관점으로 다시 바라보는 것입니다. 주변 사람의 입장이 되거나 견해를 빌려 '과연 그 사람이라면 이 상황을 어떻게 볼까?'를 생각해봅니다.

우리가 가진 습관 가운데 가장 변화의 필요성을 인식하지 못하는 것이 바로 '생각의 습관'입니다. 물론 자기 생각을 바로잡는 일이 쉽지는 않습니다. 앞서 제시한 네 가지 방식을 하루에 한 가지씩 연습해보고, 숙달할 때까지 천천히 지속적으로 익혀봅시다. 무엇이든 반복적으로 하면 변화가 일어납니다. 새로운 경험을 쌓아나가면 학습 효과가 일어날 것입니다. 생각의 유연성을 좀더 키우면 화가 나거나, 답답하거나, 기분이 저조해지는 일이 훨씬 줄어들 것입니다. 삶의 다양성이 열리며 변화의 폭도 커질 수 있습니다.

더 행복하기보다
덜 불행한 쪽으로

　　슬픔은 자신이 소중하게 여긴 가치를 상실했을 때 찾아옵니다. 우리가 경험하는 보편적인 감정이면서 자칫 깊은 우울감으로 빠지게 하는 감정이기도 합니다. 삶에서 상실이라고 느끼는 순간은 다양한 이유로 시작됩니다. 사랑하던 사람과의 이별, 신뢰하던 관계에서의 배신, 기대한 것과 다른 결과, 아직 어떤 일도 일어나지 않았지만 언제든 일어날 것만 같은 가상적 상실에 이르기까지 일상에 밀접하게 다가와 있습니다. 상실은 의미를 둔 무언가를 잃은 상태를 나타내기에 우리로 하여금 깊은 슬픔을 느끼게 합니다. 최근 만난 지인은 성공할 것이라는 확신이 들어서 일을 자신 있게 밀어붙였으나 결과가 참담하게 나오자 주변 동료들로부터 비난과 무시에 가까운 말을 들었다고 합니다. 무척 힘들었지만 그럼에도 다음을 기약하는 각오를 다졌는데, 정작 가족들이 '왜 그렇게 일을 처리했느냐'라는 말을 하자 무척 마음이 상하고 자신이 무가치하게 느껴져 큰 슬픔을 느꼈다고 했습니다. 가장 가치를 둔 관계로부터 원망과 비난을 받았기에 더욱 감당하기 어려웠으리라 짐작했습니다.

얼마 전 내원한 한 내담자는 자수성가를 했다고 말했습니다. 항상 최선을 다하는 성격으로 다른 사람들보다 몇 배로 노력해서 좋은 성과를 내고 주변 사람들에게도 존경을 받으며 살았다고 했습니다. 그런데 최근 갑작스럽게 경제적 어려움을 겪게 되어서 힘든 시기를 보냈다고 합니다. 본디 누구의 도움을 받지 않고 스스로 일어섰기 때문에 그간 온갖 어려움을 이겨낸 자신에 대한 자부심을 지니고 살았다고 했습니다. 그런데 예상치 못한 역경 앞에서 고전하던 중에 가족 중 한 사람이 "왜 그렇게 사느냐. 그렇게 아무 생각 없이 살아서 되느냐. 모든 가족이 너로 인해 힘들다"라고 말했다고 합니다. 또한 가까운 친구는 "그러게. 돈이 없는 상황에서는 뭘 하면 안 돼"라며 일침을 가했다고 했습니다. 내담자는 여태껏 스스로를 믿어왔고 일에도 확신이 있었으며 몇 달만 버티면 위기가 넘기고 회복될 만한 좋은 계약도 해둔 상태라고 했습니다. 그런데 가까운 사람들이 내뱉은 비난의 말이 회의감과 수치감, 상실감으로 다가온 것입니다. 특히 그간의 노력과 열정, 삶에 대한 헌신이 돈이라는 가치로 평가되며 송두리째 무시당하는 느낌이 가장 싫었다고 했습니다. 한동안 마음이 슬퍼서 괴로워하다가 도움을 받기 위해 클리닉을 찾아왔습니다. 심리 치료를 통해 현재는 심리적 균형을 회복한 상태인데, 상처가 된 주변의 말을 속으로 삼키기보다는 삶의 동력으로 삼아 더욱 열심히 살아가고 있습니다. 심리 치료 마지막 날, 환히 웃으며 "요즘은 그 어느 때보다 열심히 살아요. 20대로 다시 돌아간 느낌인걸요"라며 밝은 미소로 인사를 건넸습니다. 내담자의 삶의 에너지와 저력 앞에 치료자인 저 역시 힘을 얻을 정도였습니다.

슬픔은 우리 곁에 늘 가까이 있지만, 상실을 느끼게 한 사건의 어느 측면을 보고 사느냐에 따라 내일의 변화에 영향을 미칩니다. 뼈아픈 상처라도 삶의 동력으로 삼아 도약하는 이가 있는가 하면 절망과 수치감에 빠지거나 자존감의 손상으로 우울한 기분에서 벗어나지 못하는 사람도 있습니다. 언제든 삶에서 상처를 받을 수 있음을 알기에 우리는 더욱 노력하며 살아가는 한편 두려움도 느끼곤 합니다. 상처에 대한 두려움이나 상실에 대한 고통이 없는 사람이 있을까요. 상처나 상실을 미리 걱정하느라 원하는 삶의 문 앞에서 머뭇거리기만 한다면 오히려 불안과 두려움만 커질 뿐입니다. 일이든, 사랑이든, 인간관계든, 그 외 모든 것에서 고통받을 용기를 내야 실제로 힘든 상황에서도 탄력성 있게 견뎌낼 수 있습니다. '나'라는 사람의 에너지가 세상의 에너지와 조화를 이루려면 부딪히면서 생기는 파동을 받아들일 수 있어야 합니다. 고통은 언제든 찾아옵니다. 삶의 성장과 경쟁력은 고통을 감내하는 능력에 달려 있습니다. 그러니 고통이라는 커다란 원형의 파이에 30~40퍼센트의 '고통을 겪을' 마음의 지분을 내어주면 어떨까요. 그 정도의 여분을 만들어두고 일상을 맞이해봅시다. 그 파이의 조각은 날마다 슬픔으로, 불안으로, 걱정으로, 낙담으로 바뀔 것입니다. 피할 수 없는 삶의 조건이라면 스스로 마음의 공간을 만들어 기꺼이 고통받을 준비를 해봅니다.

일상에서 일어나는 일에 마음의 균형을 유지하기 위해서는 '행복한 나'에 신경을 쓰기보다는 '고통을 받아들이는 나'에 초점을 두는 것이 좋습니다. 행복은 만들어나갈 수 있지만, 고통은 피해갈 수 없습니다. 고통은 어떤 식으로든 크든 작든 우리에게 매일 찾아옵니다. 그러니 '절대 힘든 일이 일어나서는 안 돼'라고 생각하며 살기보다는 스스로 고통의 주체가 되어 '힘든 일이 일어나면 받아들이고, 지혜롭게 해결하자'라는 마음으로 관점을 전환해봅니다. 오래전 인연이 된 한 연예인은 평소 자기 신념을 솔직하게 표현하는 성격이었기에 뚜렷한 주관에 대해 사람들의 응원과 비난이 늘 극명하게 나뉜다고 했습니다. 심리 치료를 시작하면 초기 면담에서 내원 동기 및 치료 목적에 대한 이야기를 구체적으로 나누게 됩니다. 이 내담자는 성장의 기반이 될 만한 상처나 비난이라면 능동적으로 받아들이는 편이었고, 이를 계기로 '더 나은 자신'이 되길 바라는 욕구가 높았습니다. 워낙 변화하고자 하는 동기가 컸기에 때론 분석적이고 직설적인 치료자의 조언도 상당한 에너지로 수용했고, 매주 행동으로 보여주기 위해 노력하는 모습을 보였습니다. 그 내담자에게 가장 인상 깊었던 점은 '고통을 마주하는 용기'였습니다. 자신의 약점, 슬픔, 두려움, 불안 모두를 받아들이는 힘이 실로 놀라웠습니다. 지금도 여전히 삶의 도전을 멈추지 않으며 용기 있게, 부드러운 에너지를 더하며 '그다운' 모습으로 살아가고 있습니다.

클리닉에 오는 내담자들이 자신의 역경을 마주하며 헤쳐나가는 모습을 볼 때면 애정과 감사 그 이상의 감정을 느낍니다.

자기 안의 잠재된 치유의 에너지로 스스로를 돕고 삶을 일으켜 세우는 모습을 지켜보며 우리 안에 있는, 이미 존재하는 선의 에너지가 일으키는 선명한 변화를 관찰합니다. 고통을 피하려고 하기보다 삶의 일부로 받아들일 때 삶의 진동이나 역동과 조화를 이룰 수 있습니다. 오늘 하루도 고통에 마음의 지분을 내어줍시다. 고통의 파이를 키워야 폭풍우나 파도를 잠재울 수 있습니다.

나를 위해 변하는
사람은 없다

누구와 함께 있을 때 마음이 편안한지, 그 사람의 어떤 점에서 안정감을 느끼는지, 유독 자기에 관한 이야기를 풀어놓게 되는 사람은 누구인지 생각해봅시다. 우리는 대개 만나서 편안한 사람과 인간관계가 깊어집니다. 나아가 상대로부터 이해받고, 공감받으며 정서적 지지를 얻는다면 더욱 깊은 관계가 됩니다. 우리 내면에는 타인과 관계를 맺고자 하는 욕구가 깊이 자리하고 있습니다. 그래서 소통 없는 단절의 상태가 되면 외로움과 소외감으로 인해 정서적인 문제가 일어나기도 합니다. 사실 일이나 학업에서 느끼는 스트레스에 비해 인간관계에서 오는 갈등은 무척 감당하기 어렵게 느껴집니다. 이유는 간단합니다. 일과 학업에서 오는 괴로움은 자신의 노력 여부에 따라 결과가 예측되는 통제 가능한 요인입니다. 반면 인간관계는 노력한다고 해도 예측할 수 없는 결과가 나옵니다. 통제할 수 없기에 당황스럽고, 혼란스럽고, 때론 난처하기도 합니다.

저마다 성장 배경이 다르고 경험한 삶의 사건들이 다양하다 보니 개인의 성격이나 관점이 같을 수는 없습니다. 다른 사람들을 보며 '저 사람은 왜 저렇게 행동할까?' '왜 저런 말을 할까?'라는 생각이 들기도 합니다. 사실 상대방도 같은 의문이 들 것입니다. 가끔 상대방의 행동을 아무리 이해하려고 해도 이해되지 않는다며 화를 다스리지 못해 고생하는 경우를 봅니다. 그럴 때면 저는 이해하려 하지 말라고 조언합니다. 이해하려고 아무리 애를 써도 자기 관점에서 상대의 행동을 분석하게 되므로 속 시원한 해결책이 나오기 어렵습니다. 상대방의 관점에서 보려고 하지 않는 이상 같은 의문만 반복해서 들 것입니다. "왜 그럴까"라는 자기 질문에 빠지지 말고, 정말 상대를 이해하고 싶다면 그 사람이 소중하게 여기는 가치, 좋아하는 음식, 즐겨 듣는 음악 등 사소한 것부터 인정해야 합니다. 그럴 수 없다면 다른 방식은 소용이 없을 것입니다. 상대가 보고 느끼는 것을 인정하지 못하면 자신의 마음만 괴롭고 불필요한 감정 속에 스스로를 가둘 수밖에 없습니다.

　얼마 전 커플 심리 치료를 받던 연인이 서로 좋아하는 음식조차 너무 다르다며 다른 부분이 얼마나 많은지 설명하며 불만을 토로했습니다. 심지어 자신이 좋아하는 음식을 상대방도 좋아하면 좋겠는데 늘 별로라고 하니 "왜 이게 맛이 없어? 어떻게 안 좋아할 수 있어?"라며 그 이유를 계속 물어본다고 했습니다. 서로에 대한 사랑이 여전한지 묻자 "물론 사랑해요. 좋은 사람이라고 느껴요. 힘들 때 위로도 많이 받아요"라고 답했습니다. 그런데 사소한 부분에서 늘 맞지 않으니 사랑하지만 힘들다고 했습니다. 힘이 들 때 상대에게 정서적 지지를 받고, 서로 좋은 사람이라고 느끼며 사랑한다고 하면서도 소소한 차이 때문에 아프고 상처받았던 것입니다. 흔히 우리는 사소한 것인데 상대가 이 정도도 맞춰주지 못한다면서 괴로워합니다. 정말 사소한 부분이라고 여긴다면 상대에게 맞추라고 강요하지 말고 그냥 넘어갈 수 있어야 하지 않을까요. 사소하다고 하지만 실은 무척 중요하게 생각하고 있는 것입니다. 자신이 좋아하는 것을 상대방도 좋아한다면 기분 좋은 일이겠지만, 그렇지 않다고 해서 슬프거나 화가 난다면 이는 자기 중심적인 욕구이고 일방적인 요구일 뿐입니다. 매번 상대방이 자신에게 맞춰야 한다고 주장하고 있다면 자기 안의 깊은 욕구를 살펴봐야 합니다.

친구와 공동으로 회사를 창업한 후 6개월가량 지나면서 서로 일하는 방식이 맞지 않아 갈등이 생겨 이를 해결하고자 두 사람이 함께 클리닉에 방문했습니다. 이들은 대학 때부터 친했고, 서로 다른 면이 많아 이를 배울 점으로 삼았다고 했습니다. 다른 관점이나 생각을 공유할 수 있어서 더욱 가까워질 수 있었다고 합니다. 인간관계를 유지하는 조건은 가운데 '유사성'과 '상보성'은 친밀함을 불러일으키는 요인입니다. 자신과 비슷한 사람을 좋아하는지 혹은 다른 면이 있는 사람을 좋아하는지 서로 잘 통하면 친밀한 관계가 형성됩니다. 두 친구 중 한 명은 행동하기 전에 여러 측면을 고려하여 심사숙고하는 사고형이고, 한 명은 고민하기보다는 일단 실행에 옮기는 행동형이었습니다. 사고형과 행동형이 만나 창업을 하다 보니 서로를 이해하기 힘든 상황이었습니다. 사고형은 상대가 성급하다고 생각했고, 행동형은 상대가 지나치게 조심스럽다고 느꼈습니다. 심리 치료를 통해 두 친구는 각자 성격을 있는 그대로 인정하면서 서로 성향에 맞는 역할을 찾아 효율성을 찾기로 했습니다. 사실 서로에 대해 잘 알고 있었지만 함께 일을 하며 목표나 성과에 집중하다 보니 새로운 갈등을 겪게 된 것입니다. 두 친구는 강점을 살려 업무를 나누기로 했습니다. 사고형 친구는 사업 실적 분석, 관련 자료 수집, 마케팅 개발 등에 주력하고, 행동형 친구는 고객 관리, 상품 처리, 외부 업체 미팅을 주도적으로 맡았습니다. 각자의 장점을 살리자 서로의 좋은 점을 크게 느끼며 관계가 개선되었고 사업 역시 번창하고 있다고 합니다.

인간관계는 서로의 문제점을 지적하고 고쳐나가는 데 초점을 두는 관계와 서로의 강점을 더욱 끌어 올려주는 관계로 나뉩니다. 조직 운영도 마찬가지입니다. 리더가 조직원들의 강점을 성장시키는 데 중점을 두는 경우와 문제를 개선하는 데 주력하는 경우는 장기적으로 분명한 결과의 차이를 보입니다. 물론 두 가지가 균형을 이루면 더할 나위 없겠지만, 문제에만 초점을 두면 개인의 숨겨진 잠재력이나 자원이 개발되기 어렵습니다. 누구와 함께일 때 자신의 매력이나 장점이 돋보이는지 떠올려봅시다. 그 사람의 곁에 오래도록 머물며 스스로를 성장시키길 바랍니다. 그리고 여러분도 곁에 있는 소중한 사람들의 강점을 발견하고, 이를 발휘할 수 있도록 일깨워주는 사람이 되어보는 게 어떨까요.

판단력을 떨어뜨리는
일곱 가지 인지적 오류

사람들은 저마다 상처를 갖고 있으며 어느 정도 뿌리 깊은 감정을 지닌 채 살아갑니다. 평소에는 별 탈 없이 지내다가 상처를 건드리는 말을 듣게 되면 감정의 동요가 일어나 화가 나거나 수치심이 들곤 합니다. 이때는 자존감에도 변화가 일어나는데, 자신과 타인에 대한 부정적인 생각이 들면서 감정이 걷잡을 수 없이 커지게 됩니다. 자신에게 강한 감정을 불러일으키는 '뜨거운 생각'이 무엇인지 살펴볼 필요가 있습니다. '뜨거운 생각'이란 강렬한 감정을 일으키는 '자동적 사고'를 말합니다. 특정 상황에서 자신도 모르게 순식간에 일어나는 생각이기에 자동적이라고 하며, 감정에 크게 영향을 끼치면서 부정적으로 편향된 특징이 있습니다.

생각과 감정의 연결을 살펴보면 '뜨거운 생각'이 숨겨져 있는 경우가 많습니다. 이 생각은 감정에만 영향을 주는 것이 아니라 행동에도 작용하여 과민하게 반응하게 합니다. 실제 내담자의 사례를 보면, 친구에게 정성껏 준비한 선물을 주었는데 기대만큼 좋아하지 않는 모습에 실망했다고 합니다. 그러자 '내가 열심히 준비한 선물을 좋아하지 않네'라는 생각이 들었고, 그때의 감정은 서운함과 동시에 화까지 느껴졌다고 했습니다. 처음 든 생각과 감정 사이를 깊이 탐색해보니 '내가 친구에게 중요한 사람이 아닌가 보다. 나는 무의미한 사람이었어'라는 생각이 있음을 발견했습니다. 자신을 괴롭히는 자동적 사고 중에서 강한 감정을 일으키는 '뜨거운 생각'을 짚어보기로 했습니다. 일차적으로 떠오른 생각에 대해 '이건 나에게 어떤 의미지?'라고 다시 반문해보니 '이건 곧 날 무시한다는 거야' 또는 '날 무가치하게 생각한다는 의미지'라는 한층 깊은 생각을 찾게 되었습니다. 자동적으로 떠오른 생각에 깊이 숨어 있는 '뜨거운 생각'을 살펴보면 자신이 비슷한 상황마다 항상 화가 나거나 수치심이 들거나 자존감이 낮아지는 이유를 찾을 수 있습니다.

우리 생각은 왜 실제보다 더 과장되고 왜곡되는 것일까요.

그리고 이 생각의 내용을 확신하게 되는 이유는 무엇일까요. 모든 생각이 오작동되는 것은 아니지만 강한 감정을 불러일으킨 사건에는 대체로 감정에 영향을 미친 부정적인 사고가 놓여 있습니다. 그러므로 자신이 가지고 있는 뜨거운 생각이 무엇인지를 찾아내면 논리적 오류로 인한 감정의 동요에서 벗어나 객관적으로 상황을 이해할 수 있습니다. 뜨거운 생각은 '인지적 오류cognitive error'에 의해 촉발됩니다. 인지적 오류를 이해하면 자신의 부정적인 생각을 수정하는 데 도움이 됩니다. 우리에게 흔히 일어나는 대표적인 인지적 오류를 살펴보면 다음과 같습니다.

○ 흑백 논리

일상의 사건을 해석할 때 양극단으로 판단하는 것입니다. '성공 아니면 실패'로 여기거나 '수용 아니면 거부'로 여기는 이분법적인 사고를 말합니다.

○ 감정적 추론

뒷받침할 만한 근거 없이 막연한 느낌에 의존해서 결론을 내리는 것입니다. '그 사람을 보면 왠지 불안해, 날 떠날 것만 같아' '내가 이렇게 느끼는 걸 보니 틀림없이 사실일 거야'와 같이 감정에 따라 추론하는 것을 가리킵니다.

○ 과잉 일반화

한두 번의 사건을 겪은 이후 무관한 다른 상황에까지 확대해 적용하는 것입니다. '사람들은 다 이기적이야' '세상에 진정한 친구란 없다' '그 곳 사람들은 모두 불친절해'와 같이 일부 경험을 전체로 확대해 일반화하는 경우입니다.

○ 선택적 추상화

상황 전체를 보고 판단하지 않고 특정한 일부 정보에만 선택적으로 주의를 기울여 판단하는 것입니다. 발표를 진행하면서 잘 경청하는 사람들에게는 주의를 두지 않고 딴짓을 하는 몇 사람들을 본 후 '내 발표가 지루했나 보군'이라고 생각하는 경우가 해당됩니다.

○ 독심술

 다른 사람의 마음을 훤히 들여다보는 것처럼 함부로 타인의 마음을 단정하는 것을 말합니다. 마치 자신이 모든 걸 꿰뚫어 보고 있다고 여기는 것입니다. '저 사람은 나를 능력이 없다고 판단하는 것 같군' '나를 좋아하지 않는 게 분명해'라며 자기 마음대로 추측하고 결론지어 버립니다.

○ 재앙화

앞으로 일어날 일이 결국 파국으로 치달아 결말이 난다고 생각하는 것입니다. '이번 면접은 분명 떨어질 거야' '내가 발표하면 모두에게 웃음거리가 될 거야' '나는 결혼하면 잘 살지 못할 거야'와 같이 최악의 상황만을 떠올립니다.

○ 개인화

자신과 무관한 사건을 의미를 부여해 관련 지어 생각하는 것을 말합니다. 다른 사람들이 모여서 얘기하는 걸 보고 '지금 내 얘기를 하는 건가'라고 생각하거나, 누군가의 승진 소식을 접하면서 '지금 일부러 나에게 들으라고 하는 말인가. 날 무시하나'라고 여기는 경우를 가리킵니다.

이와 같은 인지적 오류는 근거가 부족하거나, 비논리적이거나, 과장되거나, 비합리적인 특징이 있어 감정적인 손상을 입히기 쉽습니다. 평소 감정 기복을 자주 느끼거나 감정적인 행동이 빈번하다면 인지적 오류가 작용하는지 검토해볼 필요가 있습니다. 부적절한 인지적 오류를 효율적으로 다루기 위해서는 자신의 예상에 반하는 예외 상황을 찾아보거나 혹은 대안적 사고를 하나 이상 떠올려봅니다. 또한 상황을 모두 기록한 다음 인지적 오류에 해당되는 부분을 제외한 후 다시 그 상황을 객관적으로 살펴보거나 현재의 생각을 뒷받침할 만한 합리적인 근거를 찾아봅니다. 인지적 오류는 흔히 범할 수 있지만 그냥 내버려두면 '고정형 사고'가 되어서 우리가 문제를 다루거나 유연하게 대처하기 어렵습니다.

빈말로라도 하는
자기 공감

공감은 다른 사람의 생각과 감정을 이해하고 느끼는 것을 말합니다. 공감 수준이 높은 사람은 타인의 입장에 대한 이해와 감정을 수용하는 능력이 남다릅니다. 다른 사람에 대한 공감 반응은 우리 뇌의 거울 뉴런과 관련이 있습니다. 거울 뉴런은 다른 사람의 행동을 보거나 감정을 대할 때 마치 자신의 경험인 양 느끼는 신경 세포입니다. 거울 뉴런으로 인해 우리는 누군가의 고통에 함께 슬퍼하거나 스포츠 경기를 보는 동안 선수들의 표정에 깃든 비장함에 공명하며 절박한 심정으로 응원하게 됩니다. 물론 공감 능력에는 개인차가 있습니다. 대상을 향한 존중이나 애정 어린 관심이 사람마다 다르고, 누군가는 다른 사람에 비해 공감의 경험이 상대적으로 풍부하거나 적기 때문입니다. 조건 없이 존중하며 편견 없는 관심을 기울이면 상대방의 거울 뉴런도 즉각 반응하게 됩니다. 서로의 마음이 공명하는 순간입니다.

실제 심리 치료 과정에서 사랑으로, 수용의 자세로 고통을 헤아리며 함께 어려움을 극복하다 보면 사소한 눈빛이나 작은 표정의 변화에도 서로의 믿음과 신뢰가 느껴집니다. 심리 치료 장면인 누군가의 고통에 초대받는 순간입니다. 그러다 보니 매 순간 숭고하고 절실하고 애틋합니다. 한 내담자는 지나치게 높은 공감 능력으로 인해 생기는 여러 문제를 해결하고자 내원을 결심했습니다. "제가 다른 사람의 마음에는 공감을 잘하는 편이에요. 어린 시절부터 친구들이 늘 속 깊은 얘기를 저에게 잘 털어놓았어요. 고민 상담은 항상 제가 했던 기억이 나요." 내담자의 주변에는 늘 다양한 친구들이 많아서 좋았다고 합니다. 그런데 자신에 대한 공감은 상대적으로 늘 어려웠다고 했습니다. 다른 사람의 힘든 사연이나 아픔을 듣고 나면 슬프고 걱정이 되지만, 자기 감정에 대해서는 왜 그리 냉담한지 모르겠다고 했습니다. 자기 자신을 대할 때는 위로보다는 주로 비난을 하고 감정을 돌봐주기는커녕 오히려 달아나거나 외면하게 된다고 고민을 털어놓았습니다.

우리는 타인을 향한 공감의 중요성은 충분히 인식하고 있지만 자기 공감에 대한 이해는 부족한 듯합니다. 자신에 대한 공감의 조건은 타인을 향한 마음과 다를 바 없습니다. 이는 판단하지 않는 마음으로, 있는 그대로를 존중하며, 사랑으로 친절을 베푸는 것입니다. 다소 안타까운 사실 중 하나는 우리 마음은 '거짓 위안'에도 안정감을 느끼며 반응한다는 것입니다. "사랑해" "힘내"라는 말로 격려하면 뇌가 좋은 단어에 속아 반응을 보입니다. 우리는 가끔 가족이나 주변 사람들에게 상처받은 후 '빈말이라도 잘했다고, 수고했다고, 사랑한다고 말해 줄 수는 없나요'라며 아파합니다. 그러면서도 정작 자신을 향해서는 '오늘 많이 힘들었지' '괜찮아'라는 안부를 묻는 일에 무척 소홀합니다. 자기 마음을 향해 위로의 이야기를 들려줄 때 뇌는 즉각적으로 안정화 모드를 작동시킵니다. 하루에 한 번 거울을 보면서 미소를 짓기만 해도 뇌는 '좋은 일이 있구나!'라고 반응하며 기분을 끌어올리는 신경 전달 물질을 분비합니다. 이처럼 우리 뇌와 신경계는 언제든 자신을 도울 준비가 되어 있지만 아무 행동을 하지 않으면 변화가 일어나지 않습니다.

자기 공감은 그다지 어려운 것이 아닙니다. 그저 다른 사람에게 하는 흔한 응원의 말이나 격려 정도면 충분합니다. 하루에 한 번 자기 이름을 불러주며 친절한 목소리로 안부를 물어보세요. 가까운 사람과 대화할 때 할 법한 가벼운 인사를 자신에게도 건네는 겁니다. 하루 중 잠깐 멈춰 마음에게 안부를 묻기를 권합니다. 가만히 집중하며 '지금 괜찮아?' '오늘 듣고 싶은 말은?' '잠시 쉬면 어떨까?'라며 친절하게 자신과 소통하는 것입니다. 이렇게 수시로 자기 감정을 살펴주고, 관심을 기울이며 안부를 물어봅시다. 자기 자신만큼 속상한 마음이나 슬픔을 잘 아는 사람이 있을까요? 매일 아침을 자기 안부를 물으며 시작하거나 잠들기 전에 스스로를 달래주는 것도 좋습니다. 지금 바로 거울 속 자신을 바라보세요.

1차 감정과
2차 자기 가해

심리적 고통이 일순간 더 큰 괴로움이 되는 것은 바로 '판단하는 마음' 때문입니다. 고통Pain은 촉발된 자극에 대한 일차적 감정이지만, 괴로움Suffering은 일차적 감정을 판단하면서 생기는 이차적 감정입니다. 우리는 자신에 관해서, 타인에 대해서도 늘 모든 것을 판단하며 결정하려 합니다. 판단하는 마음은 옳고 그름, 맞고 틀림, 긍정과 부정 등 분별하는 마음이 작용하기에 그 자체로도 부정적인 특징을 보입니다.

어떤 촉발 사건이 발생하면 마음 안에는 불안이나 우울과 같은 감정 반응이 일어납니다. 약속 시간이 늦어질 때의 초조함, 발표를 앞두고 있을 때의 불안감, 면접에 실수했을 때의 우울감 등은 사건에 대한 즉각적인 감정 반응입니다. 이를 일차적 감정이라고 합니다. 이 일차적 감정에 대한 반응 태도가 매우 중요합니다. 레포트 마감일이 다가와서 마음이 불안해진 상황이라고 가정해봅시다. 이때 불안한 마음에 대해 또다시 '괴롭다' '끔찍하다'라고 반응한다면 불안한 감정에 괴로움과 초조함까지 더해져서 괴로움으로 바뀔 것입니다. 일차적 감정에 대한 반응으로 인해 하나의 감정에 또 다른 감정까지 더해지게 됩니다. 하나의 일차 감정으로 시작되었다 하더라도 다수의 이차 감정이 일차적 감정 위에 쌓일 수 있습니다. 이차적 감정의 수는 제한이 없습니다. 감정이 켜켜이 쌓이지 않게 하려면 일차적 감정에 초점을 둔 전략이 필요합니다. 일차 감정에 대한 반응을 달리하면 이차 감정으로의 확산을 줄일 수 있습니다.

일차 감정의 강도가 모두 약한 것은 아닙니다. 상황에 따라 일차적 감정이라고 해도 압도하는 느낌을 주기도 합니다. 일차적 감정을 잘 다루기 위해서는 자기 감정에 대한 이해가 요구됩니다. 최근 일어난 일을 점검해보면서 자주 반복되는 스트레스 상황에서 느끼는 감정들을 살펴봅시다. 그리고 그 감정에 대한 생각과 감정이 행동으로까지 이어졌을 때의 결과를 검토해봅니다. 그 다음 일차적 감정에 초점을 두고 더 이상 확대되지 않도록 자신의 감정에 주목하고, 즉각적으로 일어나는 감정을 알아차린 후 그대로 흘러가도록 둡니다. 자신의 감정에서 물러나서 현재의 감정을 지켜봅시다. 좀더 쉽게 해볼 수 있도록 일차적 감정을 다루기 위한 단계별 과정은 다음과 같습니다. 천천히 여러 번 그대로 연습해보길 바랍니다.

○ 1단계 : 최근 일어난 괴로운 순간을 떠올려봅니다. 그리고 천천히 이미지를 그려보며 그때의 경험 안으로 들어가봅니다. 이제 그 상황에서 느껴지는 감정을 알아차려봅시다. 또한 몸에서 느껴지는 감각을 느껴보세요. 자기 안에서 일어나는 일을 그대로 인식하며 경험을 알아차립니다.

○ 2단계 : 지금의 모든 경험을 있는 그대로 받아들이겠다는 마음으로 감정을 바라보며 '지금 이 감정을 받아들입니다' 또는 '현재의 경험을 기꺼이 허락합니다' 또는 '수용'이나 '인정'과 같은 표현을 사용하며 감정과 함께합니다. 천천히 숨을 들이마시고 내쉬면서 날숨에 감정이 발끝을 통해 빠져나가는 이미지를 그려보아도 좋습니다. 그리고 "이 슬픔이 숨과

함께 빠져나간다"라고 말해봅니다. 또한 감정을 색깔로 정해 특정 공간 밖으로 빠져나가는 상상을 해도 좋습니다.

○ 3단계 : 현재의 감정을 그대로 느끼며 머무릅니다. 이 과정에서 경험을 순간순간 알아차려봅니다. 또한 자신에게 치유의 시간을 내준 스스로를 격려합니다. 이때 자신과 주변을 환한 빛으로 밝혀주는 이미지를 떠올려도 괜찮고, 가장 좋아하는 공간을 상상하며 대체해도 좋습니다.

지금까지 일차 감정을 다루는 연습을 해보았습니다. 마음의 정원은 어떻게 가꿔나가는지가 중요합니다. 정원을 잘 돌보려면 수시로 들여다보며 잡초를 뽑아주고, 물을 주고, 햇살과 바람이 잘 드는지 살피며 꽃과 나무를 심고 가꿔야 합니다. 여러분의 마음 정원이 아름답게 잘 꾸며져 있기를 바랍니다.

왜곡된 감정을
재구성하기

자신의 감정을 이해하거나 받아들이는 사람이 없다고 느낄 때 사람은 감정적으로 고통을 느낍니다. 다른 사람에게 자기 생각이 인정받지 못하는 경우 서로 다르게 볼 수 있다고 인정하고 지나치는 사람도 있지만, 대체로 감정이 무시되거나 공감받지 못하면 서운하고, 슬프고, 때론 화가 납니다. 이런 감정을 표현했을 때, 특히 의미 있는 관계라고 여기는 가족이나 친구, 연인과 같은 가까운 사람들로부터 '뭘 그만한 일로 그러느냐' '왜 그렇게까지 힘들어하냐' '늘 너무 예민한 것 같다'는 말을 듣게 되면 마음을 다스리는 일이 쉽지 않습니다. 친밀함으로 연결된 사람들과 감정이 차단되는 경험은 자기 가치감이나 자기 존중감에 영향을 줍니다. 자신이 이해받지 못하고 있다는 느낌은 '소중하고, 중요한 사람'이라는 자신에 대한 인식을 뒤틀어놓습니다.

감정을 거부당했다고 느낀 기억은 오래도록 남아 어떤 단서로 인해 떠올려질 때마다 그때의 감정으로 스며들게 합니다. 당시의 감정을 자극하는 유사한 장소만 가더라도 그날의 감정이 되살아나 상처받은 기억이 소환됩니다. 우리에게는 저마다 감정과 함께 봉인된 기억이 있습니다. 그러나 상처가 된 기억이라고 해서 모두 치유가 필요한 것은 아닙니다. 다른 누군가로부터 공감받고 이해받으며 정서적인 지지를 나누고 나면 이전의 기억이 떠올라도 담담하게 받아들이게 됩니다. 그럼에도 여전히 마음을 불편하게 만드는 사건이 있다면 자신의 경험을 재평가해볼 필요가 있습니다. 과거의 영향으로 현재의 경험까지 부정적으로 왜곡해서 보게 만들어 반복적인 괴로움이 초래될 수 있기 때문입니다.

어떤 상황에서 감정적으로 특히 힘이 드나요? 감정적 거부라고 받아들인 사건이 자신에게 끼친 영향은 무엇인가요? 어떤 행동을 하거나 혹은 하지 않아서 고통이 더욱 커졌다고 느끼나요? 자신을 화나게 하거나 반복해서 속상하게 만드는 상황을 하나 떠올려봅시다. 이를 되도록이면 세부적으로 기록하면서 당시의 감정을 살펴보는 것이 좋습니다. 노트의 왼쪽에는 사건을 적고, 오른쪽에는 당시의 감정을 기록합니다. 그리고 감정에 대한 주관적 고통의 정도를 낮은 수준부터 높은 수준까지 0에서 10까지 수치로 평가해봅니다. 이때 주의할 점은 이 평가는 자신의 경험을 재처리하고자 하는 작업이기에 고통의 수준이 5점 이상인 경험에 한해 시작하도록 합니다. 중간 이하의 고통에 해당하는 경험까지 모두 다루고자 한다면 모든 일을 부정적인 사건으로 처리하게 되는 역효과가 일어납니다.

주관적 고통의 정도를 평가한 다음에는 먼저 다루고 싶은 사건부터 재처리하도록 합니다. 처음 시작할 때는 가장 높은 수치에 해당하는 기억은 나중에 다루기 위해 미뤄둡니다. 점진적으로 훈련이 익숙해져야 감정에 압도되지 않습니다. 이런 작업을 시작하기 전에 준비 운동처럼 마음의 준비를 하는 것이 좋습니다. 몇 분간 편안하게 호흡하며 마음을 차분하게 가라앉힙니다. 또한 자신이 가장 좋아하는 장소나 마음이 안정되는 공간을 떠올리며 집중해봅니다. 어느 정도 정서적인 안녕감이 들면 이제 기록한 내용을 다시 본 후 다음 단계를 시작합니다.

이제 현재의 관점에서 당시의 사건을 재구성해보세요. 그때 상대방과 자신이 처한 환경, 서로의 가치관이나 신념, 대화를 나누기 직전의 상황, 그 밖의 모든 측면을 다시금 기록해봅니다. 서두르지 말고 천천히 상황의 여러 방면을 다시 검토해보세요. 여기까지 작업을 마치면 조금 전 재평가한 내용을 다시 바라봅니다. 그럼에도 여전히 관점이 달라지지 않는다면 그 상황을 조각으로 나눠봅니다. 상황적 요인, 상대방의 입장, 자기의 입장 모두를 구분해놓고 다시 평가해보세요. 이 과정에서 감정적인 상태가 되면 마음의 근육이 이완되도록 편안히 안정을 취하도록 합니다. 단, 외상 수준의 기억이나 사건의 충격이 큰 경험은 전문가의 도움을 받아야 함을 주의합니다.

지난 경험에 대한 자신의 관점을 재구성하는 이유는 주관적 고통의 강도를 낮추고, 나아가 유사 상황에서 감정에 이끌리지 않고 자기 감정에 대해 좀더 폭넓은 선택권을 갖기 위해서입니다. 고통스러운 장면 그 자체를 없앨 수는 없지만, 심리적 고통을 일으키는 사건에 대한 감정의 수준은 조절할 수 있습니다. 해당 기억에 대한 감정의 수준이 변화되거나 새로운 감정과 연결되면 그 사건에 대한 인지적·정서적 민감성이 낮아지게 됩니다. 그러면 현재의 삶에 미치는 영향을 줄일 수 있을 뿐만 아니라 이 과정을 통해 자신을 돕게 되면서 건강한 자기애가 발달합니다. 지금, 낮은 감정 수준의 상황부터 천천히 시작해보세요.

가장 힘이 되는
   한마디

       최근 한 달 동안 자신에게 가장 많이 한 말은 무엇인가요? 우리 마음은 주로 어떤 이야기를 듣고 있나요? 일상에서 지친 날에는 어떤 말이 마음에 위안이 되나요? 마음을 달래기 위해 우리는 가까운 친구와 이야기를 나누거나 좋은 책을 읽거나 강연을 보기도 하며 마음에 닿는 말에 위로를 받고 용기를 얻기도 합니다. 인생에는 독이 되는 한마디가 있는 반면 힘이 되는 한마디도 있습니다. 가만히 떠올려봅시다. 자신에게 가장 독이 되는 타인의 한마디는 무엇인가요? 그리고 그 말이 감정이나 생각, 나아가 일상에 미치는 영향은 무엇인가요? 이런 말들의 특징은 무엇 하나 이로운 점이 없다는 겁니다. 그렇다면 독이 되는 그 한마디를 자신에게 한 적이 있는지 생각해봅시다. 언제였나요? 하필 위로와 격려가 필요할 때, 용기와 힘이 필요할 때는 아니었나요. 그 말이 얼마나 마음을 닫히게 하는지, 얼마나 상처가 되는지 자기만큼 잘 아는 사람은 없을 텐데 말입니다. 만일 그때마다 자신에게 도움이 될 만한, 득이 되는 한마디를 해주었다면 어땠을까요.

제가 기억하는 '힘이 되는 한마디'에 관한 사연을 옮기자면, 오래전 전공 수업에서 심리 치료에 관한 발표를 하던 중 겪은 일입니다. 당시는 수업, 논문, 시험의 부담과 집안에 갑작스럽게 닥친 시련으로 인해 매일 마음을 단단히 부여잡고 살던 때였습니다. 헤쳐나가야 할 일들이 많아 평소 담대하게 잘 견디는 성격임에도 버텨내기가 쉽지 않았습니다. 여느 날처럼 늘 하던 대로 발표를 준비하고, 그날도 별 탈 없이 잘 설명해가던 중에 갑자기 눈물이 울컥 쏟아졌습니다. 발표 주제가 실존적 고통에 관한 치료적 접근과 관련된 내용이어서 당시의 심경에 와닿는 부분도 많긴 했지만 울 것까진 없었습니다. 더욱이 많은 이들의 앞인 발표 수업에서 말입니다. 순간 너무 당혹스러웠고 '내가 많이 힘들구나'라는 생각이 스쳤습니다. 그때 "발표하다가 뭘 울기까지 해"라는 누군가의 말에 정신을 바로 차리고 겨우 발표를 마쳤습니다. 분명 맞는 말이었습니다. 저 역시도 다른 강연자가 발표 도중 갑자기 눈물을 보인다면 '왜'라는 생각이 들었을 테니까요. 가까스로 감정을 추스르기는 했지만, 집에 와서 결국 '난 왜 이렇게 나약할까'로 시작되는 자기 비난이 쏟아졌습니다. 그러던 중 예전에 지인이 전공 공부에 도움이 되길 바란다고 격려하며 선물한 책이 눈에 들어왔습니다. 갑자기 그때가 그리워져 책의 첫 장을 넘기니 '누구도 가보지 않은 그런 길은 없다'라는 문장을 정성스럽게 쓴 손글씨가 보였습니다. 그 책을 받을 당시에는 그 글귀가 용기가 되었고, 그날 홀로 있던 방에서는 큰 위로가 되었습니다. 이내 다시 제가 가야 할 길을 보게 되었고, 마음에 걱정이 많다 보니 사소한 한마디에 그렇게 힘들었으리라 생각하며 스스로를 달래주었습니다.

살다 보면 수많은 말을 마주합니다. 때론 말 한마디가 강력한 치유가 되기도 하고, 삶의 방향을 바꿔놓는 의미 있는 순간이 되기도 합니다. 그러나 주변을 아무리 둘러봐도 득이 되는 한마디를 해주는 사람이 없다고 느낄 수 있습니다. 그렇다고 해도 낙담할 필요는 없습니다. 자신에게 스스로 득이 되는 사람이 되어주면 됩니다. 힘이 되는 한마디를 해주는 사람이 바로 자신일 때 가장 치유 효과가 큽니다. 어렵더라도, 힘들더

라도 그 한마디만큼은 포기하면 안 됩니다. 자, 지금 자신에게

한번 말을 걸어보면 어떨까요.

사랑의
   삼각형 이론

       사랑에 어떤 의미를 두는가에 따라 두 사람의 특별한 관계가 깊어지기도 하고 서로 다른 가치로 인해 결국 이별하기도 합니다. 사랑을 할 때는 복잡하고 다양한 욕구가 서로 경쟁하기 때문에 연인이든 부부든 관계의 초기에는 갈등이 생기기 마련입니다. 상대방을 있는 그대로 존중하고 수용하는 사랑의 능력이 어느 정도인가에 따라 조화와 균형이 생기기도 하고 깨지기도 합니다. 흔히 사랑하는 마음만 있으면 행복은 그냥 찾아오는 것이라 생각합니다. 하지만 사랑이란 감정을 서로 지키기 위해서는 사랑을 운영하는 능력이 있어야 합니다. 가장 기본이 되는 사랑의 기본 요소를 잘 지켜나갈 때 서로에게 의미 있는 관계가 유지되는 것입니다.

심리학자 로버트 스턴버그^{Robert J. Sternberg}는 한 번 이상 사랑한 경험이 있는 여러 연령층의 사람들을 대상으로 면접과 설문지를 통해 '사랑의 삼각형 이론'을 제시했습니다. 이론에 따르면, 사랑의 기본 요소는 열정과 친밀함, 헌신이며 세 가지 요인이 서로 조화를 이뤄야 합니다. 열정의 강도는 시간이 지나면 감소되지만, 그만큼을 친밀함과 헌신이 채워줍니다. 시간이 지나면 친밀함과 헌신이 사랑을 지탱해주는 묘약이 되는 것입니다. 사랑에 관한 연구는 심리학에서 오랫동안 연구된 주제로 이후에도 여러 학자가 다양한 사랑의 유형을 제시했지만, 사랑의 기본 요소에 대한 견해는 크게 다르지 않습니다. 사랑할 때는 열정이 있어야 조건보다 사람 그 자체를 보게 되고, 흔히 말하는 가장 가까운 내 편이라는 친밀함을 느낄 수 있어야 믿음이 생기고, 헌신이 있어야 서로의 고통을 보듬어줄 수 있습니다.

대학에서 사랑과 결혼이라는 주제로 강의를 진행한 적이 있습니다. 수업 자체가 학생들에게 흥미로워 보였는지 매 학기 수강 신청마다 대기자가 속출했습니다. 강좌가 열리자마자 바로 정원이 마감될 정도로 사랑이란 주제는 호기심을 자극하는 관심사인 것이 확실했습니다. 수업 내내 사랑과 성, 연애

[사랑의 삼각형 이론]

친밀감(Intimacy)

열정(Passion)   헌신(Commitment)

와 결혼에 대한 열띤 토론과 질문이 오갔고, 수업이 끝나면 학생들이 사랑에 관한 고민과 갈등에 대한 조언을 구하기 위해 기다리곤 했습니다. 이메일로도 학생들의 사연이 쏟아졌는데, 저와의 상담 후 행복한 사랑을 하게 된 학생도 있었고 정신적 고통을 가하는 위협적인 사랑에서 벗어난 학생들도 있었습니다. 당시 학생들과의 면담에서 가장 자주 들었던 고민은 '좋아하는 정도가 서로 다른 것 같아요' '상대방이 늘 모든 걸 공유해야 한다고 생각해요' '그 사람이 힘들어할 때마다 제 마음이 지쳐가요'와 같은 주제를 담고 있었습니다. 이와 같은 고민은 클리닉에서 진행되는 심리 치료에서도 자주 언급되는 내용입니다.

열정, 친밀함, 헌신으로 구성되는 사랑의 기본 요소를 잘 유지하려면, 먼저 상대방에 대한 보상적 기대와 욕구의 수준을 잘 살펴봐야 합니다. 사랑의 열정을 조절하지 못하면, 사랑의 정도를 확인하고 평가하며 상대방에게 그만큼의 사랑을 요구하게 됩니다. 그러다 보면 늘 애정적 허기에 시달릴 수밖에 없습니다. 클리닉을 찾은 한 내담자는 "저는 늘 사랑을 표현하는데 상대방은 그렇지 않아요. 저를 별로 안 좋아하나 봐요"라며 힘들어했습니다. 가만히 살펴보니 사랑의 표현 방식이 자신과 같아야 한다고 생각해서 괴로움이 생겼던 것입니다. 다른 방식의 애정 표현은 마음에 차지 않으니 늘 사랑에 대한 갈망이 컸습니다. 이처럼 사랑의 표현 정도를 두고 자신의 욕구만큼 채우려고 한다면 항상 관계에서의 만족도가 낮을 수 밖에 없습니다.

또한 안정된 사랑을 유지하기 위해서는 친밀함에 대한 경계를 적절히 지켜야 합니다. 서로 가까운 사이라고 해서 혹은 서로를 잘 이해하기 위해서 상대에 관해 모든 것을 알아야 한다고 생각한다면 이는 사랑이란 이름의 구속일 뿐입니다. 친밀함에 대한 욕구가 크면 사소한 부분까지 간섭하며 통제하는 경우가 흔히 일어납니다. 친밀감은 서로를 이해하고 공감하며 믿어줄 수 있을 때 견고해집니다. 사랑의 삼각형의 마지막 요소, 상대방에 대한 헌신에는 조건이 없어야 합니다. 헌신이란 역경과 고난 속에서도 서로를 지키겠다는 선택이자 결심입니다. 그런데 상대방이 심리적이든 사회적이든 위기 상태에 처했을 때 이를 외면한다면 사랑을 온전히 지킬 수 있을까요. 물론 상대의 아픔을 지켜보다 보면 안쓰러운 마음이 들기도 하고, 우울과 불안을 호소할 때는 어찌해야 할지 모르겠고, 자기가 그리 도움이 되지 않는다는 생각에 자책과 갈등이 들수도 있습니다. 이는 실제로 클리닉의 많은 보호자나 가족이 사랑하는 연인이나 자녀의 고통을 지켜보는 동안 느끼는 감정이기도 합니다.

고통이 없을 때는 누구든 행복하고 편안하게 사랑할 수 있습니다. 두 사람의 사랑의 실제를 보여주는 요소는 고통과 위기가 찾아올 때 서로에게 어떤 모습인가에서 드러납니다. 우리에게는 늘 사랑에 대한 소망과 욕구가 있습니다. 자신이 기대하는 사랑을 이루고자 한다면, 현재 하고 있는 사랑이든 앞으로 할 사랑이든 사랑하는 사람에 대한 기본적인 마음 태도를 잘 갖춰야 할 것입니다.

내가 나와
함께한다는 것의 의미

　　마음의 상처는 과연 치유가 가능한 걸까요. 치유한다고 해도 다시 상처받지 않을 수 있을까요. 상처는 피할 수 없습니다. 상처를 피하려는 마음은 오히려 괴로움만 키울 뿐입니다. 상처가 괴로움이 되는 이유는 이를 해결하려는 마음 때문입니다. 상처를 정면으로 바라볼 수 있을 때 그것으로부터 자유로워질 수 있습니다. 상처의 사전적 의미는 '몸을 다친' 상태 또는 '정신적으로, 심리적으로 아픔을 느끼는' 상태입니다. 그렇습니다. 상처는 우리 마음을 아프게 합니다. 아픈 감정을 그대로 느끼게 되면 강렬한 감정에 쉽게 휩쓸리곤 합니다. 자신을 지키기 위해 불쾌한 감정을 느끼지 않으려고 마음의 저항이 일어납니다. 일어난 일을 판단하고 수많은 생각이 머릿속을 휘젓고 다니면 감정은 더욱 깊어집니다. 이쯤 되면 모든 일을 감당하기 어렵다고 느껴집니다. 그러다 보니 마음속 상처를 서둘러 빼내고 싶은 마음이 듭니다. 여기서 우리는 현재 자신의 마음이 '아픔을 느끼는' 상태라는 점을 잊지 말아야 합니다. 아픔을 돌보지 않은 채 피하려고만 한다면 아물지 않은 상처의 흔적은 짓무르고 벗겨져 오래도록 잘 아물지 않게 될 것입니다.

우리는 왜 이토록 상처를 두려워할까요. 상처는 우리 내면 깊이 자리하고 있는 믿음과 감정이 불러들인 환영받지 못한 손님일 수 있습니다. 그러다 보니 우리 안의 '받아들이고 싶지 않은 내 모습'을 자극하는 상황이 올 때마다 정면으로 마주 대하기가 힘든 것입니다. 얼마 전에 만난 내담자는 실수로 인해 다른 사람에게 핀잔을 들을 때마다 수치심이 든다고 했습니다. 심지어 조언을 듣는 상황에서도 부끄럽게 느껴져 이런 자신의 마음을 이해하고자 내원했습니다. 심리 치료가 진행되던 어느 날 내담자에게 "수치심을 어떻게 생각하세요?"라는 질문을 드렸습니다. 감정을 어떻게 보는가 하는 질문은 치료에서 중요합니다. 감정 안에 깊이 숨겨진 '자기 개념'을 살펴볼 수 있기 때문입니다. 자기 개념이란 자기를 바라보는 인식이나 태도를 말합니다. 내담자는 수치심이란 감정 단어를 접하는 것만으로도 눈물을 보이며 힘들어했습니다.

내담자   수치심을 느낄 때마다 견디기 힘들어요. 제 자신이 부끄럽고, 한심하게 느껴져요.

치료자   부끄럽고 한심하다는 것은 어떤 의미일까요?

내담자   뭔가 잘 해내지 못하고 있다는 생각이 들어요. 생각해 보니 예전에도 늘 그랬던 것 같아요.

치료자   예전이라면, 구체적으로 언제쯤인지 얘기해주실 수 있을까요?

내담자   네… 아주 어릴 때부터 그랬어요. 늘 잘해야만 했고 조금이라도 못하면 혼도 많이 났던 것 같아요.

치료자   그때마다 느낀 감정은 무엇이었나요?

내담자   슬프다… 힘들다… 그리고… 두렵다…….

치료자   아이가 혼자서 슬프고, 힘든, 그리고 두려운 감정을 감당하다 보니 많이 힘들었을 거예요.

내담자   네… 맞아요. 특히 걱정이나 막연하게 느껴지는 두려운 감정이 가장 힘들었던 것 같아요.

           (이야기하는 동안 눈물을 흘린다.)

치료자   걱정과 두려움을 말하면서 눈물이 났는데요. 지금 마음이 어떠세요?

내담자   그때를 생각하면… 제가 너무 안쓰러워요…….

치료자   만일 지금 곁에 당시의 그 아이가 앉아 있다면 어떤 이야기를 들려주고 싶으세요?

내담자   (눈물을 흘리며) 괜찮아… 넌 충분히 잘 하고 있어.

          (한동안 내담자의 감정이 추슬러지길 기다린 후)

치료자   지금 마음이 어떠세요?

내담자   늘 제 자신에게 비난만 했던 것 같아요……. 한 번도 이렇게 얘기해준 적이 없어요. 당시에는 제가 공부든 뭐든 잘하지 않으면 사랑받지 못할 것 같았어요. 늘 그게 제일 걱정이 되고 두려웠어요.

내담자는 수치심을 자신의 부족함으로 느꼈고, 마음 깊은 곳에는 '잘하지 못하면 사랑받지 못한다'라는 믿음이 자리했습니다. 그러다 보니 어떤 일의 성과를 자신의 가치와 연관 지어 생각하게 되었던 것입니다. 평소 우리가 느끼는 감정 가운데는 유독 받아들이기 힘들게 여기는 특별한 감정이 있습니다. 물론 부정적인 감정을 느끼게 될 때는 마음이 편치 않습니다. 자신에 대한 비난이나 자책으로 이어지는 감정에는 숨겨진 '나의 이야기'가 봉인되어 있을 수 있습니다. 이때 느끼는 감정은 오랜 기억 속 어딘가에서 온, 이제는 돌봐줘야 할 내 마음일지도 모릅니다. 가장 잘 받아줘야 할 감정이고 무조건적으로 사랑받아야 하는 감정입니다. 유독 아프게 느껴지는 감정일수록 이제는 먼저 다가가 헤아려주길 바랍니다. 자신이 '자기와 함께 있을 때' 비로소 아픈 기억도, 슬픈 감정도 치유될 수 있습니다.

마음 챙김 처방전

8주간의
자기 회복 다이어리

1주. 자기

"나는 '나'를 어떻게 대하고 있나요?
그동안 멀리 떨어져 지냈다면
이제, 용기 내어 말을 걸어봅시다."

마음 챙김 처방전
DAY 1

"오늘, 나의 하루는 어땠나요?"

"요즘 나는 잠들기 전에 무슨 생각을 하나요?

"요즘 나는 '나에게' 어떻게 대하나요?

"자주 듣는 노래는 무엇인가요? 어떤 노랫말이 마음에 와닿나요? 그 노래를 들으면 마음이 어떤가요?

"감명 깊게 본 영화는 무엇인가요? 기억나는 장면이나 대사는요? 나를 닮은 영화 속 주인공은 누구인가요? 그 이유는 무엇인가요?

　생각이 복잡한 날은 마음이 소란스럽고 잠도 잘 오지 않아요. 이렇게 여러 날 반복되면 몸도 마음도 지칠 수 있어요. 마음이 불안하고 걱정이 많기도 해요. 그러니 우선 잠을 잘 자도록 해요. 그리고 내일 다시 "어떻게 해결하면 좋을까?" 생각해봐요. 이때는 스스로 할 수 있는 부분과 도움이 필요한 부분으

로 걱정을 나눠보고, 마음을 가로막는 요인은 무엇인지 살펴보세요.

자, 우선 편히 잠들 수 있어야 좋은 계획을 세울 수 있어요. 만일 깊이 잠들지 못한 날이 많았다면 편히 잘 수 있도록 미리 준비하면 좋아요. 편안하게 잠들 수 있는 몇 가지 방법을 안내하도록 할게요.

한동안은 자주 연습해주세요.

○ 몸을 이완하는 마음 챙김

편안하게 누워서 몇 차례 호흡하며 몸의 긴장을 놓아주세요. 숨이 되돌아나갈 때 이완하면서 모든 스트레스가 발끝을 통해 나가는 상상을 해보세요. 이때 마음속으로 '이완' 또는 '힐링'이라고 말해주면 좋아요.

이제 오른쪽 발바닥과 발등, 종아리, 허벅지까지 천천히 주의를 옮겨보세요. 그리고 각 부위를 지날 때마다 숨을 내쉬면서 '나는 지금 고요하고 편안해'라고 말해주세요. 다른 어떤 말이라도 좋아요. 만일 긴장이 잘 풀리지 않으면 들숨보다 날숨을 길게 내쉬면서 반복해주세요. 그리고 같은 방법으로 반대쪽도 이완해주세요.

다음으로 양쪽 어깨와 팔, 손 등과 손바닥도 주의를 옮겨가면서 숨을 내쉴 때 이완이 될 수 있는 말을 해주세요. 좋아하는 단어나 문장이면 무엇이든 괜찮아요. '릴렉스'도 괜찮고 '행복'이라고 말해도 좋아요.

이번에는 등과 엉덩이, 가슴과 배, 목과 얼굴 전체를 천천히 호흡과 함께 이완해주세요. 마찬가지로 마음이 편안해질 수 있는 말을 충분히 해주세요. 이때 몸의 각 부위에 주의를 기울여주세요. 몸이 이완되는 느낌을 느껴보세요.

ㅇ 미소와 함께하는 마음 챙김

눈을 감고 몇 차례 호흡하세요. 호흡하는 동안 들숨과 날숨의 느낌이나 감각에 주의를 두고 그대로 느껴보도록 해요.

이제 몸의 긴장을 내려놓고 입가에 미소를 지어보세요. 미소의 에너지가 얼굴과 몸 전체로 퍼져나가는 것을 상상해보세요. 그리고 미소 짓고 있는 자신의 모습도 떠올려보세요.

또한 내 몸 전체가 미소 짓고 있다고 상상해보세요. 나의 미소가 내 몸 가득히 퍼지고, 공간 전체로 퍼져나간다고 생각해보세요.

마음 챙김 처방전
DAY 2

"요즘 나는 괜찮은가요?"

"나를 웃게 만드는 사람/상황/하는 일은 무엇인가요?"

"내가 힘들게 느끼는 사람/상황/해야 할 일은 무엇인가요?"

"하루의 시간을 돌려놓을 수 있다면 무엇을 하고 싶은가요?

"요즘 나에게 어떤 말을 해주고 싶은가요?"

　오늘은 자신에게 마음을 담은 편지를 써요. 그런데 이 편지는 당신의 미래에서 온 편지예요. 30년쯤 지난 후 먼 미래의 자신이 '오늘의 나'에게 보내는 이야기를 담아보세요.

　잠시, 30년 뒤의 자신의 모습을 떠올려보세요. 이제 '오늘의 나'에게 들려주고 싶은 이야기를 남겨주세요.

_____에게

_____

_____

_____

_____

_____

_____

_____

_____

_____

_____

_____

"나를 미소 짓게 하는 말, 듣는 것만으로도 기분이 좋아지는 말은 무엇인가요?"

"오늘은 내가 좋아하는 것에 관한 이야기를 나눠볼까요."

내가 좋아하는 공간은

왜냐하면

내가 좋아하는 시간은

왜냐하면

내가 좋아하는 음식은

왜냐하면

내가 좋아하는 책은

왜냐하면

내가 좋아하는 한 문장은

왜냐하면

내가 좋아하는 소리는

왜냐하면

내가 좋아하는 여행지는

왜냐하면

내가 좋아하는 말은

왜냐하면

내가 좋아하는 사람은

왜냐하면

'내가 좋아하는 것'이 적혀 있는 이 목록을 위로가 필요할 때마다 비상 키트처럼 활용해보세요.

좋아하는 공간을 찾아가보거나 이미지를 그려보고 마치 그 곳에 있는 듯 상상해봐요. 좋아하는 말이나 문장은 가만히 떠올리며 여러 번 마음속으로 되뇌어보세요. 좋아하는 사람의 웃는 모습이나 목소리, 그가 해주는 말을 떠올려보세요. 만일 함께 있다면 온통 그 사람에게 집중하세요. 좋아하는 음식을 먹을 때는 오감으로 느껴보세요. 맛과 향기, 질감, 색깔 등에 주의를 기울여보세요.

오늘은 '마음 챙김 먹기 Mindful Eating' 연습을 해봐요. 처음 시작할 때는 오감을 모두 느껴볼 수 있도록 '건포도'를 준비해주세요. 이 연습은 대개 '마음 챙김 명상' 첫날에 시작해요. 마음 챙김이 무엇인지 느끼게 해주거든요. 잠깐 마음 챙김을 간단히 소개하자면, '의도적으로 현재의 순간에 비판단적인 주의를 기울이는 것'을 뜻해요. 여기서 비판단적이란 말은 자신의 경험을 있는 그대로 받아들이는 마음가짐이에요. 마음 챙김은 실제로 해보면 알 수 있어요. 오늘 연습을 해본 후, 간단히 차를 마실 때도 해봐요. 건포도가 아니라 어떤 음식이든 다 괜찮아요. 마음으로 함께 머물면 되니까요.

마음 챙김 먹기|Mindful Eating

건포도 한 알을 손바닥 위에 올려놓아요.

지금까지 알고 있던 건포도에 관한 생각을 내려놓고

호기심을 갖고, 마치 지금 처음 대하는 것처럼 관찰해보세요.

손으로 만져보면서 그 느낌을 알아차려보세요.

불빛이나 햇살에도 비춰 보세요.

다시 손바닥 위에 올려놓고 가만히 바라보세요.

지금 손 위에 놓이기까지 지나온 건포도의 여정을 떠올려보세요.

많은 사람의 노력과 사랑, 햇살과 대지, 자연을 품은 단 하나의 건포

도가 지금 당신과 함께 있어요.

이제 코로 가져가 향기를 느껴보세요.

입가 가까이 가져다놓아 보세요.

입에 넣고 천천히 음미하며 맛을 느껴보세요.

입안에서 느껴지는 모든 경험을 알아차려보세요.

'마음 챙김 먹기'를 하고 난 후의 경험을 기록해보세요.

나의 생각은

나의 감정은

나의 몸에서는

그 밖에는

마음 챙김 처방전
DAY 4

"혼자 있는 시간에는 어떻게 보내나요?"

"나를 위한 시간이 '7일간' 주어진다면 무엇을 하고 싶은가요?"

1 day
----
2 day
----
3 day
----
4 day
----
5 day
----
6 day
----
7 day

"요즘 나의 모습을 그림으로 표현해보세요."

그림을 그리고 난 후 마음이 어떤가요?

이제 그림에 내가 좋아하는 사람, 나무와 꽃, 테이블과 의자, 소품, 강아지, 고양이, 벽지와 장식 등을 마음껏 넣어보세요. 가장 좋아하는 색을 칠해도 좋아요.

마음 챙김 처방전
DAY 5

"요즘 나의 자존감은 어떤가요?"

"내가 생각하는 자존감이란 무엇인가요?"

"요즘 나에게 자주 하게 되는 말은 무엇인가요?"

"나는 스스로를 어떤 사람이라고 생각하나요?"

나는 _____ 사람이야.
이 생각을 믿는 정도는 어떤가요? (0~10점) _____ 점

나는 _____ 사람이야.
이 생각을 믿는 정도는 어떤가요? (0~10점) _____ 점

나는 _____ 사람이야.
이 생각을 믿는 정도는 어떤가요? (0~10점) _____ 점

나는 _____ 사람이야.
이 생각을 믿는 정도는 어떤가요? (0~10점) _____ 점

자존감 수준은 상황에 따라 달라질 수 있어요. 다른 사람의 말이나 행동, 나의 실수, 긴장된 분위기, 불안한 마음, 그 밖의 여러 상황이 영향을 끼치거든요. 자존감을 지키기 어려운 날에는 '난 자존감이 낮아'라고 생각하는 대신 나에게 다가가 내 마음을 먼저 헤아려주세요. '자기 존중'은 내 마음의 소리를 듣고 내 곁에 함께 있는 순간 시작해요.

최근 자존감을 지키기 어려웠던 상황을 떠올려보세요.

눈을 감고 그 상황에서 일어난 일들을 이미지로 그려보세요.

오고 간 말을 떠올리거나 당시의 분위기, 장소, 주변의 느낌 등을 느껴보세요.

자신의 모습이 어때 보이나요?

그 장면 속의 나는 어떤 감정을 느끼고 있나요?

이제, 양손으로 자신의 어깨를 감싸 안아주세요.

지금 느껴지는 마음속 감정을 있는 그대로 헤아려주세요.

두 손의 온기를 느끼며 자신에게 말을 걸어주세요.

친절하게 따뜻한 음성으로 다가가세요.

"괜찮아?" "내가 어떻게 도와주면 될까?"

그 말이 자신의 가장 아픈 곳에 사랑의 에너지가 되어 흘러드는 것을 상상해보세요.

마음 챙김 처방전
DAY 6

"나를 가장 잘 표현하는 단어는 무엇인가요?"

"나에 관한 문장을 채워보세요. 무엇이든 자유롭게 적어보세요."

나는

나의 어린 시절은

엄마는

아빠는

나의 두려움은

나의 소망은

나의 걱정은

고치고 싶은 내 습관은

내가 하고 싶은 일은

내가 해야 하는 일은

나의 장점은

나의 약점은

내가 좋아하는 사람은

내가 싫어하는 사람은

나의 인생 격언은

나의 미래는

10년 뒤, 내 모습은

요즘 내가 느끼는 마음속 두려움과 걱정은 무엇인가요? 나를 가로막는 내 안의 목소리는 나에게 어떤 말을 하나요? 때론 '내가 잘 해낼 수 있을까?'라고 염려하면서 하고 싶은 일이나 해야 할 일을 망설이고 있지는 않은가요?

내가 아이였을 때를 생각해봐요. 자전거를 잘 타기 위해 넘어지거나 다치더라도 다시 일어났던 내 모습을 떠올려보세요, 내가 원하는 그 일은 마치 자전거 타기와 같아요. 그러니 넘어지고, 다치고, 일어서는 일에 두려워하지 말아요. 분명 그때처럼 잘 해낼 수 있어요. 그때나 지금이나 모두 '용기'가 필요해요. 다치고 넘어져도 다시 일어설 용기 말이에요.

나의 새로운 다짐을 적어보세요. 그리고 담대한 목소리로 읽어 주세요.

나는 기꺼이 _____ 하겠어.

나는 기꺼이 _____ 하겠어.

나는 기꺼이 _____ 하겠어.

마음 챙김 처방전
DAY 7

"나는 무엇에서 행복을 느끼나요? 이때 내 모습은 어때 보이나요?"

"일주일간 수고한 나에게 작은 선물을 준비해보세요. 무엇이 좋을까요? 좋아하는 음식이나 차, 예쁜 꽃, 힐링이 되는 음악, 기분 좋은 셔츠, 읽고 싶었던 책, 보고 싶은 영화, 미술 전시회나 공연 티켓, 기분 좋은 산책, 쓸모없지만 귀여운 소품 그 무엇이든 좋아요."

나에게 주고 싶은 선물은

왜냐하면

"내가 사랑하는 모든 것들을 상자 안에 넣어볼까요?"

"나에 관한 이야기를 써보세요. 나중에 아이에게 들려주고 싶은 이야기, 강연에 초대된다면 하고 싶은 이야기, 내가 작가라면 독자에게 전하고 싶은 나만의 이야기는 무엇인가요?"

자신에 관한 이야기를 쓰다 보면 깊은 내면의 나와 만나게 될 때가 있어요. 마치 일기를 쓰다 보면 나에게 한 걸음 더 가까워진 느낌이 들 때가 있잖아요. 지금 이곳에 나만의 이야기를 기록해보세요. 나중에 아이에게 들려주고 싶은 이야기, 강연에 초대된다면 들려주고 싶은 이야기, 내가 작가라면 독자에게 전하고 싶은 나만의 이야기를 담아보세요. 조금씩 이야기를 풀어가다 보면 어느새 자신에게 좀더 다가가 있을 거예요.

내가 전하고 싶은 이야기는

2주. 관계

"나는 왜 이럴까.
왜 그랬을까.
왜 이런 일이 일어난 걸까.
나의 내면을 묶어놓은
관계 법칙에서 벗어나
있는 그대로 나를 받아들여 보기."

"나는 다른 사람들에게 어떤 모습으로 보이길 원하나요?"

"다른 사람들은 잘 모르는 '진짜 나'는 어떤 모습인가요?"

　　우리는 다른 사람에게 좋은 느낌을 주길 원해요. 우리 안에는 사랑받고 싶은, 수용받고 싶은, 존중과 지지를 받고 싶은, 인정받고 싶은 욕구가 늘 있어요. '보이는 나'에 너무 신경을 쓰다 보면 내 마음, 감정, 생각, 바람을 표현하지 못한 채 다른

사람에게 나를 맞출 수 있어요. 그러니 좀더 '나'에 대해 알려 주세요.

내가 '나'에게 좋은 사람이어야 자존감도, 자신감도, 자기 확신도 커져요.

먼저 몇 차례 편안하게 호흡해주세요.

이제, 최근 '나'의 모습을 가만히 떠올려보세요.

다른 사람들과 있는 내 모습을 따라가보세요.

장면 속 내 옆에서 나의 표정, 목소리, 몸짓, 행동이 어떤지 살펴보세요.

어떤 감정을 느끼는지, 무엇을 감내하는지, 원하지만 말하지 못하고 있는 것은 무엇인지 느껴보세요.

내 모습이 어때 보이나요?

'나'를 위한 한마디 :

" _____ "

"다른 사람에게 보이고 싶지 않은 내 모습은 무엇인가요?"

"가족을 포함한 내 곁에 있는 사람들에게 나는 어떤 사람인가요?"

엄마·아빠에게 나는

다른 가족들에게 나는

사랑하는 사람에게 나는

친구들에게 나는

학교/직장 사람들에게 나는

그 외, 나를 아는 사람들에게 나는

자기 존중이란 '나'의 모습을 조건 없이 받아들이는 것을 말해요. 나를 차별하지 않는 마음이 중요해요. 나의 일부를 스스로 부끄럽게 여기거나 나약하게 생각하지 않아야 당당해져요. 오히려 나의 약점이라고 여긴 부분을 더욱 드러내면서 가령 "난 수줍음이 많아"라고 말해보세요. '자존감이 높은 사람'이란 장점이 많은 사람이 아니라 약점을 당당하게 인정하는 사람이에요.

먼저 호흡으로 마음을 차분하게 해주세요.

들숨과 날숨에 주의를 기울이며 숨의 느낌과 감각을 느껴보세요.

숨결을 따라가며 현재의 순간을 알아차려보세요.

이제, 다른 사람에게 감추고자 하는 내 모습을 떠올려보세요.

수줍은, 소심한, 예민한, 긴장하는…

어떤 것이든 괜찮아요.

자신의 그 모습을 있는 그대로 수용해주세요.

수줍은 나, 소심한 나, 예민한 나, 긴장하는 나…

모든 나의 모습을 품을 수 있는 마음 공간을 내어주세요.

따뜻한 마음으로 '나'를 있는 그대로 받아들여요.

마음 챙김 처방전
DAY 10

"사람, 세상, 그리고 나에 대해서 생각하고 있는 나만의 믿음은 무엇인가요?"

가족은 _____ 해.

친구는 _____ 해.

사랑은 _____ 해.

사람들은 _____ 해.

세상은 _____ 해.

"평소 부러워하는 다른 사람의 모습은 무엇인가요? 그 모습은 나의 행동이나 습관에 어떤 영향을 주나요?

자신도 모르는 사이 생겨버린 믿음이 오히려 나를 꽁꽁 묶는 '올가미'가 될 수 있어요. 우리에게는 흔히 '~해야 해' 또는 '~하지 않으면 안 돼'라는 '당위성 사고'가 있어요. 내 안의 결핍된 욕구로 인해 생긴 믿음이기에 이와 어긋날 때는 감정도 크게 일어나요. 가령 '친구라면 언제나 공감해줘야 해' 또는 '사랑한다면 모든 걸 말할 수 있어야 해'라고 여긴다면 나의 단단한 생각으로 인해 관계를 망칠 수도 있어요.

최근 가장 힘들었던 스트레스 상황을 떠올려보세요.

일어난 일은?

나의 감정은?

나의 생각은?

나의 행동은?

'생각 알아차리기 연습'

눈을 감고 편안하게 몇 차례 호흡해보세요.

내 몸의 긴장을 살펴보고 긴 숨으로 내쉬면서 이완해주세요.

들판에 편안히 앉아 있는 내 모습을 떠올려보세요.

맑은 하늘을 상상해 보세요. 하늘에는 구름이 여기저기 떠다니고 있어요.

최근 스트레스 상황을 하나 떠올려보세요.

나에게 떠오르는 부정적인 생각을 알아차려보세요.

생각이 일어날 때마다 하늘에 흘러가는 구름 위로 올려 보내세요.

구름이 자연스럽게 흘러가게 두세요.

복잡한 생각을 붙들고 여러 번 생각하다 보면 더욱 감정이 커질 수 있어요. 걱정, 근심, 화, 원망과 같은 여러 생각을 그냥 지나가게 내버려두세요. 이 생각들이 마음속에 일어날 때마다 지나가는 구름, 시냇물, 파도, 풍선에 띄워 보내세요.

마음 챙김 처방전
DAY 11

"요즘 나를 힘들게 하는 사람은 누구인가요?"

"다른 사람과 비교하게 되는 내 모습은 무엇인가요?"

"최근 들은 가장 따뜻한 말은 무엇인가요?"

"최근 자존감을 상하게 한 다른 사람의 말은 무엇인가요?"

"이때 자신이 어떻게 느껴졌나요?"

최근 다른 사람으로 인해 서운했던 일이 있나요? 아직 해결되지 않은 그때의 감정이 남아 있다면 상대방에게 내 마음을 차분하게 표현해 보세요.

다만, 화를 내거나 소리를 지르거나 공격적인 말을 하지 않아야 해요. 이 연습은 '마음속 이야기'를 표현하기 위한 것이지 상대를 비난하기 위한 것이 아니라는 점을 잊지 말아요.

지난 상황에서 표현하지 못했던 내 생각과 감정, 바람이 있다면 이야기해보세요.

조용하고 편안한 공간이면 어디든 좋아요.

나의 반대편에 의자를 하나 놓아보세요. 지금 빈 의자에 상대방이 앉아 있다고 생각해보세요. 서운하지만 감내했던 그때의 내 마음을 차분하게 이야기해보세요. 전하고 싶은 내 마음을 담담하게, 차분하게, 명료하게 표현해보세요.

"지금 내 마음은 어떤가요?"

마음 챙김 처방전
DAY 12

"나는 누구와 있을 때 편안함을 느끼나요? 그 사람의 어떤 점
이 편하게 느껴지나요?"

"나는 누구와 있을 때 불편함을 느끼나요? 그 사람의 어떤 점
이 어렵게 느껴지나요?"

"힘들고 지칠 때 가장 먼저 떠오르는 사람은 누구인가요? 그 사람은 나에게 어떤 위로를 주나요? 만일 지금 함께라면 가장 듣고 싶은 말은 무엇인가요?"

외로움, 두려움, 상처로 인해 무척 힘든 날이 있어요. 이런 날 가장 먼저 떠오르는 사람은 누구인가요? 마음을 추스르기 어렵고 혼자서 감내하기 힘든 날에는 나를 가장 잘 알아주는 '한 사람'을 내 마음에 초대해보세요.

최근 가장 힘들었던 일을 떠올려보세요. 그 상황을 상상하는 동안 내 감정과 몸의 반응은 어떤가요. 내 마음을 알아차려보세요.

한 손을 가슴 위에 올려놓아보세요. 손바닥과 가슴이 맞닿은 느낌을 느껴보세요. 가슴을 쓰다듬어 주거나 다독여주세요.

이제 지금 이 손이 위로받고 싶은 그 누군가의 손이라고 생각해보세

요. 엄마나 아빠, 다른 가족 혹은 친구나 멘토, 돌아가신 분, 영적인 대
상도 좋아요. 그리고 내 자신이어도 괜찮아요.

이제 그분의 얼굴과 표정, 환한 미소를 떠올려보세요. 그분이 지닌 깊
은 사랑과 치유의 에너지를 내 손을 통해 온몸으로 느껴보세요.

그분이 나에게 해주는 사랑과 위로, 격려의 말을 가만히 들어보세요.

내가 받은 위로의 말은 :

"＿＿＿＿＿＿＿＿＿＿＿＿＿＿＿＿＿＿＿＿＿＿＿＿＿"

마음 챙김 처방전
DAY 13

"내 인생에서 가장 고마운 사람은 누구인가요? 그 이유는 무엇인가요? "

"내 인생에서 가장 닮고 싶은 사람은 누구인가요? 그 이유는 무엇인가요?"

"용기가 필요할 때 가장 먼저 떠오르는 사람은 누구인가요?
그 사람에게 지금 듣고 싶은 말은 무엇인가요?"

"위로가 필요할 때 가장 먼저 떠오르는 사람은 누구인가요?
그 사람에게 지금 듣고 싶은 말은 무엇인가요?"

마치 벼랑 끝에 서 있는 듯 마음이 불안하고 막막할 때 도움을 준 고마운 사람에게 편지를 써보세요. 그때의 상황을 사진의 한 장면처럼 떠올려보세요. 그동안 미처 전하지 못한 마음을 소중하게 담아내세요.

_____에게

마음 챙김 처방전
DAY 14

"마음속 가시처럼 느껴지는 사람이 있다면 누구인가요? 상처가 된 가시를 빼내어보세요. 꼭꼭 숨겨둔 나만의 이야기는 무엇인가요?"

"오랜 상처의 해독제가 되는 소중한 사람들은 누구인가요? 한 명 한 명 나에게 어떤 힘이 되어주나요?"

"마음속에서 빼내고 싶은 상처가 된 말은 무엇인가요?"

용서는 내 마음을 자유롭게 하고 오랜 분노의 단단한 갑옷을 내려놓을 수 있게 하는 치유의 힘을 지니고 있어요. 다만, 용서는 시간이 필요해요. 용서한다고 해서 그 사람의 행동이 괜찮다는 것은 아니에요. 내 마음속 가시를 뽑아 마음 밖에 두는 것만으로도 충분해요.

용서는 나를 보호하고, 존중하며, 사랑으로 감싸는 애정 어린 돌봄이에요.

호흡으로 몸을 편안하게 해주세요.

지금 나의 머리 위에 환히 빛나는 사랑의 빛이 쏟아지고 있다고 상상해보세요. 사랑의 빛이 나를 안전하게 감싸고 있는 이미지를 떠올려보세요.

내 주변의 사랑하는 사람을 한 명씩 이미지로 그려보세요.

나의 수호천사들이 서로 손을 잡고 내 주위를 울타리처럼 감싸고 있는 모습을 상상해보세요. 그들의 사랑의 에너지와 힘을 느껴보세요.

언제든 내 마음이 지칠 때면 이곳으로 와서 수호천사들을 만나보세요.

3주. 감정

"슬프더라도
괴롭더라도
나의 눈물을 멈출 수 있는 사람은
오직 나뿐이에요"

"요즘 나의 감정은 어떤가요?" (사람/상황별로 찾아보세요)

행복한	화가 나는	외로운	부끄러운	편안한
즐거운	수치스러운	기쁜	두려운	슬픈
희망찬	안쓰러운	후련한	불안한	잔잔한
원망스러운	유쾌한	활기찬	미운	창피한
흐뭇한	놀라운	설레는	부담스러운	벅찬
만족스러운	따분한	불쾌한	불쌍한	용감한
짜증스러운	느긋한	초조한	통쾌한	허무한
허전한	무거운	궁금한	근심되는	속상한
초조한	야속한	뿌듯한	미운	보고 싶은
암담한	사랑하는	우스운	정겨운	두근거리는
반가운	심술 나는	무서운	미안한	신나는
불편한	안타까운	아픈	어이없는	쓸쓸한
다행스러운	억울한	흥분된	서러운	수치스러운
슬픈	허탈한	절망스러운	다정한	실망스러운
울적한	정겨운	조마조마한	당황스러운	희망찬
훈훈한	평화로운	신기한	찡한	든든한
뭉클한	묘한	담담한	자신 있는	기분 좋은
홀가분한	간절한	고마운	끔찍한	멍한
사라지고 싶은	애석한	무기력한	감동스러운	

나의 감정은 _____

왜냐하면, _____

나의 감정은 _____

왜냐하면, _____

나의 감정은 _____

왜냐하면, _____

나의 감정은 _____

왜냐하면, _____

나의 감정은 _____

왜냐하면, _____

나의 감정은 _____

왜냐하면, _____

　　나에게 스며든 감정을 이해하는 것은 중요해요. 우리는 감

정을 잘 알아차리지 못해요. 그러다 보니 강한 감정이 일어나

야 비로소 '내가 많이 힘들었구나'라고 느껴요. 하지만 '감정을 느끼는 나'와 '감정적인 나'는 달라요. 감정이 커지면 조절하기 힘들어져요. 그러니 평소 감정을 알아차리는 연습을 해봐요.

편안하게 앉아 몇 차례 호흡하며 이완해주세요.

지금 내 마음에 일어나는 일들을 알아차려보세요.

지금 나의 감정에 주의를 기울여보세요.

감정은 마치 파도와 같아요. 일어나면 사라지고 다시 일어나곤 해요.

어떠한 감정이든 파도의 흐름처럼 느껴보세요.

만일, 강한 감정을 느낀다면 있는 그대로 감정을 알아봐주세요.

'나에게 슬픔이 있구나…….' '나에게 두려움이 있구나…….'

그리고 나를 돌보는 따뜻한 말을 해주세요.

'내가 편안하기를…….'

'내가 행복하기를…….'

'내가 건강하기를…….'

마음 챙김 처방전
DAY 16

"최근 화를 참지 못했던 상황은 무엇인가요? 만일 다르게 대처했다면 어땠을까요?"

그때의 상황

만일 다르게 대처했다면

"마음이 울적하고 슬플 때는 어떻게 하나요? 이런 날은 어떤 말이 도움이 될까요?"

분노는 누구나 경험하는 자연스러운 감정이에요. 다만 사람마다 분노에 대응하는 방법은 각자 달라요. 분노를 억누르기도 하고 분노가 자라도록 내버려두거나 분노를 폭발하기도 해요. 분노가 일어나는 상황과 대응 및 분노의 결과를 인식하는 것은 중요해요. 분노 일지를 작성해보세요. 감정의 패턴을 이해할 수 있을 거예요.

분노 일지

날짜와 시간 :

무슨 일이 일어났는지 :

무슨 생각을 했는지 :

어떤 감정을 느꼈는지 :

어떤 행동을 했는지 :

결과가 무엇이었는지 :

다르게 대처한다면 :

"요즘 내 곁의 사람들에게 느끼는 나의 감정과 그들에게 바라는 점은 무엇인가요?"

"내 곁의 사람들이나 다른 주변 사람들에게 무엇으로 인정받았을 때 가장 기분이 좋은가요?"

우리는 늘 크고 작은 바람을 갖고 살아요. 기대하는 대로 이뤄지면 기분이 좋지만 그렇지 않을 때는 무척 서운하고 속상하고 실망스럽기도 해요. 나의 바람이 모두 이뤄지면 참 좋

겠지만 나 또한 내 곁에 있는 사람들의 기대를 모두 채워주진 못하잖아요. 나의 바람은 '~하면 좋겠다'라는 기대인데, 어느 순간 마치 그런 일이 꼭 일어나야만 하는 것처럼 내 마음은 사납게 변해요. 그러니 내 마음의 절반은 아쉬움을 받아들일 준비를 해봐요. 그리고 원하는 바람이 이루어지면 감사함을 충분히 나눠봐요.

요즘 내 곁의 누군가에게 바람이 있다면 구체적으로 적어보세요.

내가 바라는 소망을 상대에게 표현해보세요. 단, 당연하다는 듯 말해선 안 돼요.

1. 괜찮을까요? 도와줄 수 있으세요? 가능한가요? 등의 부탁하는 어투로 요청해보세요(서로 가까울수록 '사회적 기술'이 무척 필요해요. 다

른 곳에서 잘 쓰는 나의 매너를 곁에 있는 사람에게도 발휘해주세요. 누구
보다 존중받아야 할 소중한 사람들이잖아요).

2. 바람을 요청할 때는 상대가 들어줄 수 있는 일인지 검토해보세요. 나
   는 대수롭지 않게 여겨도 상대에게는 어려운 일일 수도 있으니까요.

3. 만일 나의 바람이 기대만큼 이뤄지지 않으면 상대의 이야기를 존
   중하고 받아들이도록 해요.

4. 단, 서로의 갈등을 해결하기 위한 부탁이라면 상대에게도 '어떻게
   해결하면 좋을까요?'라고 물어봐주세요. 그리고 상대방에게 갈등을
   풀어나갈 대안을 요청해보세요(대안을 서로 나눌 때는 한 가지 이상이
   어야 해요. 플랜 A, 플랜 B, 플랜 C로 다양하게 만들어보세요).

5. 마지막으로 나의 바람이 이뤄졌다면 고마움을 전하세요. "요청을
   들어줘서 내 마음이 ~해요"라는 말로 감사함이나 즐거움, 행복감을
   상대에게 표현해주세요. 아마 상대방의 기분도 참 좋을 거예요.

"최근 후회와 자책으로 마음이 힘들었던 상황은 무엇인가요?"

후회했던 일

자기 비난의 말

"요즘 나를 불안하게 만드는 일은 무엇인가요?"

　　불안한 마음이 들 때는 걱정과 고민이 더욱 커져요. 평소와
달리 의사 결정을 내리는 데도 어려움이 생기곤 해요. 이럴 때
는 내 생각을 좀더 넓힐 수 있는 다양한 주변 사람들의 의견을

들어보면 좋아요. 같은 상황일 때 가까운 사람들은 어떤 선택과 결정을 내릴지 생각해보면 효율적으로 대처할 수 있어요.

나의 고민이나 걱정거리를 적어보세요.

나의 주변 사람들 가운데 지혜롭다고 생각하는 사람을 떠올려보세요.

같은 상황일 때 그 사람이라면

나의 주변 사람들 가운데 합리적이라고 생각하는 사람을 떠올려보세요.

같은 상황일 때 그 사람이라면

"힘들 때마다 습관적으로 하는 혼잣말 self-talk은 무엇인가요?
이런 말이 나의 감정에 어떤 영향을 끼치나요?"

"나를 가장 우울하게 만드는 일은 무엇인가요?"

우리에게는 자기만의 습관인 혼잣말이 있어요. 힘들 때마다
자동적으로 나오는 혼잣말이 부정적인 내용이라면 감정이 더
욱 커질 수 있어요. 심지어 별일 아닌 일도 큰 스트레스로 느

껴지게 하는 게 바로 나의 '말'이에요. 부정적인 혼잣말은 바꿔보세요. 한동안은 일부러 연습해야 해요. 이내 자연스럽게 좋은 혼잣말을 하게 될 거예요(일이 잘 안 될 때 나오는 혼잣말인 '너무 짜증 나'를 좋은 혼잣말로 바꿔서 '차분하게 집중하자!').

좋은 혼잣말

화가 날 때: 평소의 혼잣말은 "＿＿＿＿＿＿＿＿"
새로운 혼잣말은 "＿＿＿＿＿＿＿＿＿＿"

불안할 때: 평소의 혼잣말은 "＿＿＿＿＿＿＿＿"
새로운 혼잣말은 "＿＿＿＿＿＿＿＿＿＿"

울적할 때: 평소의 혼잣말은 "＿＿＿＿＿＿＿＿"
새로운 혼잣말은 "＿＿＿＿＿＿＿＿＿＿"

그 외: 평소의 혼잣말은 "＿＿＿＿＿＿＿＿＿"
새로운 혼잣말은 "＿＿＿＿＿＿＿＿＿＿"

"스트레스를 받을 때 내 몸의 반응은 어떤가요?"
(두근거림, 호흡이 가쁜, 통증, 과민성 증상, 근육 긴장 등)

"스트레스를 해소하기 위한 나만의 대처 방법은 무엇인가
요? 도움이 되는 것과 도움이 되지 않는 것은 무엇인가요?"

도움이 되는 :

도움이 되지 않는 :

 평소 나의 몸 신호를 알아차려보세요. 몸은 감정의 통로와
같아요. 힘든 감정을 억제하다 보면 나의 감정은 몸을 통해

신호를 보내요. 몸은 감정이 보내는 친절한 목소리와 같아요. '이제는 쉬어야 해' 또는 '지금이야. 더는 무리하지 말아야 해'라고 안내를 하거든요.

우리는 몸의 증상을 싫어하거나 두려워하거나 불편하게 여기곤 해요. 앞으로는 나의 몸 신호를 잘 헤아려주세요. 감정이 알려주는 '알림 신호'와 같아요. 몸의 증상은 '오늘은 다른 날보다 자신을 더 챙겨줘야 하는 날이야'라고 말해주는 내 마음속의 소리거든요.

편안히 몇 차례 호흡하며 몸을 이완해주세요.

내 몸의 느낌과 감각을 있는 그대로 알아차려보세요.

몸의 여러 부위를 가만히 관찰해보세요.

통증이나 근육 긴장, 감각이 무딘, 편안한, 이완되는 다양한 느낌이 각 신체 부위마다 느껴질 수 있어요.

내 몸의 수고로움과 긴장과 떨림을 헤아려주세요.

하루를 보내며 애쓰고 노력한 내 마음을 알아봐주세요.

'수고했어' '고마워' '오늘 힘들었지' '잘했어'

"행복이 무엇이라고 생각하세요? 일상에서 행복감을 느끼는 순간은 언제인가요?"

"나를 웃게 만드는 일은 무엇인가요? 기분 좋은 감정을 더 자주 느끼려면 어떻게 해야 할까요?"

우리는 잠들기 전에 여러 생각을 하곤 해요. 이때는 좋았던 일보다는 아쉬웠던 일, 실수했던 순간, 미래에 대한 걱정 등으로 마음이 복잡해져요. 매일 잠들기 전에 오늘 하루의 긍정적

인 순간을 떠올려보세요. 부정적인 일보다 사소하지만 기분 좋았던 순간들을 다시 돌이켜보세요. 내 마음의 균형이 잘 맞춰질 거예요.

긍정적인 순간을 늘려보고, 일상에서 기분 좋은 일들에 주의를 기울이며, 잠들기 전에 한 번 더 마음에 담아보세요.

오늘 하루, 사소하고 소소했던 긍정적인 순간을 찾아보세요.

하나,

둘,

셋,

넷,

다섯,

4주. 기억

"내 기억 속 상처는
내가 나 자신을
있는 그대로 받아들일 때
비로소 변할 수 있어요"

"지난 일 년 동안 가장 기억에 남는 일은 무엇이었나요?"

가장 기억에 남는 일은,

왜냐하면,

"지난 일 년 동안 원하지만 포기했던 일은 무엇인가요?"

원하지만 포기했던 일은,

왜냐하면,

'만일 그때 내가 포기하지 않았으면 어땠을까?'라는 생각이

들 때가 있어요. 특히 내가 원했던 일이라면 시간이 지나도 이

따금 떠오르곤 해요. 아쉬움이 남고 후회가 되기도 하지만 그땐 분명 이유가 있었을 거예요. 다만 그 이유가 매번 나의 기회와 새로운 경험을 가로막는다면 반복되는 방해 요인을 다시 검토해봐요.

내가 원했지만 끝내 포기했던 일은 무엇이었나요? 마음에 후회로 남은 당시의 상황을 떠올려보세요.

내 마음에는 어떤 일이 일어났었나요? 걱정하는 나, 두려워하는 나, 염려하는 나… 나를 멈추게 한 내 안의 이야기는 무엇이었나요?

앞으로는 자신에게 어떤 용기를 주고 싶으세요?

당시는 어떤 상황이었나요? 주변의 시선, 촉박한 시간, 너무 많은 양, 파트너와의 갈등 기타 여러 원인을 찾아볼까요?

앞으로는 이런 일에 어떻게 대처해나가고 싶으세요?

"나의 콤플렉스는 무엇인가요? 콤플렉스에 영향을 준 지난 경험은 무엇인가요?"

"지금까지 살아오면서 가장 견디기 힘든 상황은 무엇이었나요? 그 상황은 나에게 어떤 영향을 끼쳤나요?"

우리에게는 누구나 콤플렉스가 있어요. 콤플렉스는 자신이 다른 사람보다 능력이 없거나 뒤처진다고 생각하는 마음에서 생겨나요. 콤플렉스에 대해서 '나는 왜 이럴까'라고 생각

하기보다는 '어떻게 바꿔나가볼까?'라고 생각해봐요. 또한 나의 강점을 찾아 더욱 돋보이도록 해보세요. 사실 우리는 강점에는 잘 관심을 두지 않기 때문에 타고난 잠재력을 잘 펼치지 못하는 경우가 많아요. 내가 생각하는 나의 강점, 주변 사람들에게 자주 듣는 좋은 피드백을 수집해보세요. 아니면 내 곁의 사람들에게 물어봐도 좋아요.

나의 강점 목록	강점 키우기 전략

마음 챙김 처방전
DAY 24

"부모님에 대한 기억은 어떤가요? 어린 시절부터 지금까지 함께 하면서 가장 기억에 남는 순간은 언제인가요?"

"부모님의 어린 시절 꿈과 소망, 희망과 행복, 좌절과 절망, 지금의 바람은 무엇일까요?

부모님의 어린 시절이나 지금까지 살아온 삶의 이야기를 들어본 적이 있나요? 가끔 두 분의 이야기를 들으면 어떤 생각이 드나요? 엄마, 아빠도 나와 같은 나이를 지나왔는데 그

때는 어떤 마음이었을까요?

　내가 만일 이제 막 어른이 된 부모님의 어떤 시간에 초대된 다면 무슨 이야기를 들려드리고 싶으세요?

스무 살의 엄마에게

"엄마"

스무 살의 아빠에게

"아빠"

마음 챙김 처방전
DAY 25

"지나간 일이지만 여전히 마음에 남아 있는 일은 무엇인가요? 내려놓게 되면 나와 내 삶에 어떤 변화가 올까요?"

"지나온 역경들은 나의 삶에 어떤 영향을 줬나요? 거기서 나는 무엇을 배웠나요?"

우리에게는 늘 예고하지 않은 어려움이 찾아와요. 어려움을 여러 번 만나게 되면 낙담하고 괴로움이 커지면서 앞으로의 일에 자신감이 떨어지곤 해요. 그런데 고통스러운 일에만 마

음을 두면 다시 일어서기까지 시간이 오래 걸릴 수 있어요.

　가장 힘든 순간에 내 곁에 있는 사람들의 위로와 격려 그리고 사랑을 느껴보세요. 그리고 어려움을 정면으로 마주하며 어느 때보다 자신 곁에 가까이 다가가 힘과 용기를 주세요.

지난 역경을 통해 얻게 된 지혜나 깨달음, 사랑과 감사, 각오와 의지 등 새롭게 찾게 된 점을 기록으로 남겨보세요.

마음 챙김 처방전
DAY 26

"지난 일 가운데 가장 실패했다고 느끼는 일은 무엇인가요?"

"지난 일 가운데 가장 기쁘거나 뿌듯했던 일은 무엇인가요?"

지난 일이지만 크게 실패라고 느낀 일은 오래도록 기억에 남아 마음이 아플 수 있어요. 때론 비슷한 상황을 만나거나 같은 일을 해야 할 때 두려움이나 불안이 커지기도 하고, 그 상

황에서 달아나고 싶은 마음이 들기도 해요. 마음 아픈 일은 우리에게 고통을 주지만, 그 일에 대한 나의 평가가 고통을 더 크게 만들어버리곤 해요.

언제든 내 마음이 무척 아픈 날은 상황에 대한 나의 평가가 더욱 나를 힘들게 하는 것은 아닌지 살펴보도록 해요.

1. 당시의 상황을 기록해보세요. 기록하는 동안 드는 생각이나 감정을 모두 적어보세요.

----

2. 나의 기록을 다시 살펴보세요. 일어났던 객관적인 사실 외에 나의 주관적인 판단이나 느낌이 들어간 부분을 모두 찾아 지워보세요.

----

3. 기록에서 지워진 부분을 제외한 나머지 내용을 그대로 옮겨 놓아보세요.

----

4. 1번의 기록과 3번의 기록을 비교해보세요. 나의 마음이 어떤가요.

느낀 점 :

"어린 시절 가장 좋았던 추억은 무엇인가요?"

추억 하나,

추억 둘,

추억 셋,

추억 넷,

추억 다섯,

"지금 나의 친구 관계에 영향을 준 지난 기억은 무엇이 있나요? 친구 관계에서 가장 중요하게 생각하는 의미나 가치는 무엇인가요."

나의 추억 속 친구들의 모습은 어떤가요? 든든한 친구, 재미있는 친구, 위로가 된 친구, 고민을 나눈 친구 그리고 상처로 남은 친구의 기억들이 있을 거예요.

나의 삶을 지혜롭게 이끌어갈 친구 관계의 가치를 세워보도록 해요. 그리고 가치에 맞는 작은 실천 행동을 만들어봐요. 친구관계에서 겪는 여러 일에서 마음의 균형을 이룰 수 있도록 해줄 거예요.

친구관계에서 중요하게 생각하는 가치를 찾아보도록 해요. 예를 들어 '배려하는' '수용하는' '의지가 되는' '친절한' '공감하는' '진실한' 등의 가치를 정할 수 있어요.

나의 친구관계 가치는 _____

친구관계 가치를 정했다면, 가치에 맞는 작은 실천 행동을 생각해보세요. 그리고 실제로 실천하도록 해요.

나의 실천 행동은 _____

마음 챙김 처방전
DAY 28

"지금까지 살아오면서 가장 잊고 싶은 기억은 무엇인가요?
그때의 일이 나에게 어떤 영향을 끼쳤나요?"

"지금까지 살아오면서 고마움을 느낀 순간은 언제인가요?
나를 지탱해 준 고마운 분들과의 추억은 무엇인가요?

지금까지 살면서 고마움을 느꼈던 사람들을 떠올려보세요. 가장 기억나
는 한 명에게 먼저 내 마음을 전하기 위해 마음을 담은 편지를 써보세요.
(가족, 연인, 친구, 선생님, 직장 동료, 돌아가신 분도 괜찮아요.)

_____에게

5주. 사랑

"매 순간,
 조건 없는 사랑으로
 자애로운 어머니의 마음으로
 나를 돌봐주세요."

"사랑이 무엇이라고 생각하나요? 내가 생각하는 사랑의 조건은 무엇인가요?"

"어린 시절 나에게 가장 많은 사랑을 주신 분은 누구인가요? 이 사랑의 기억이 나의 삶에 어떤 영향을 줬나요?

사랑의 조건이 무엇이라고 생각하나요? 우리는 '자신을 사랑하는 사람'이어야 한다는 말을 자주 듣곤 해요. 나를 사랑한다는 것은 무엇일까요? 이는 나를 조건 없이 받아들이는 것을

뜻해요. 자기 자신에 대해 어떤 기준이나 목표를 만들어놓고 성공과 실패에 따라 가치를 평가하다 보면 늘 부족함과 결핍을 느끼기 마련이에요.

나의 모습을 먼저 인정해주세요. 그리고 난 후 마치 정원을 가꾸듯이 정성스럽게 만들어가요.

내가 생각하는 사랑의 조건을 우선순으로 세 가지 적어보세요.

사랑의 조건 1.

사랑의 조건 2.

사랑의 조건 3.

자신에게도 세 가지 사랑의 조건을 그대로 적용해보세요. 그리고 이를 지켜나가기 위한 다짐을 적어보세요.

사랑의 서약 1.

사랑의 서약 2.

사랑의 서약 3.

마음 챙김 처방전
DAY 30

"자신이 소중하고 가치 있는 사람이라는 생각이 들 때는 언제인가요?"

"지금까지 내가 아는 사람 중에 사랑이나 배려심이 깊다고 생각하는 사람은 누구인가요? 그 이유는 무엇인가요?"

　다른 사람에게 사랑이나 배려, 존중을 받고 싶은 마음은 누구에게나 있을 거예요. 실제로 사소한 배려라도 누군가가 나에게 마음을 써주면 기분이 좋고 존중받는 느낌이 들잖아요.

내가 아는 사람들 가운데 가장 사려 깊게 다른 사람을 존중하고 배려하는 사람은 누구인가요? 아마 그 사람을 떠올리는 것만으로도 마음이 따뜻해질 거예요. 나도 누군가에게 그런 사람이 되어주면 어떨까요?

주변 사람 가운데 다른 사람을 존중하며 배려심이 큰 사람을 떠올려보세요. 그 사람에게서 배울 점을 찾아서 일상에서 다른 사람에게 실천해보세요(대화할 때 자주 쓰는 표현이나 목소리 톤, 인자한 표정, 따뜻한 감성, 친절한 행동 등).

내가 배우고 싶은 점은

내가 배우고 싶은 점은

내가 배우고 싶은 점은

내가 배우고 싶은 점은

마음 챙김 처방전
DAY 31

"내가 좋아하는 나의 좋은 점은 무엇인가요? 내 곁에 있는 사람들은 나의 어떤 모습을 좋아하나요?"

"만일 일주일 동안 '자기 돌봄' 미션을 완벽하게 마쳐야 한다면 어떻게 보내볼까요?"

1 day
----
2 day
----
3 day
----
4 day
----
5 day
----
6 day
----
7 day

'자기 돌봄'의 시간이 필요할 때는 어떻게 보내나요? 가장 맛있는 음식을 먹거나 좋아하는 음악을 듣거나 반신욕을 하거나 하는 등 스스로를 돌보는 일상의 시간을 만들어보세요. 무심히 하는 행동이 아니라 마음을 먹고 의도적으로 나를 챙겨보도록 해요.

하루에 한 번, 자신을 돌보는 것을 잊지 마세요.

'감정 돌봄'을 위한 목록을 만들어보세요. 목록에 있는 것들을 자신에게 자주 해주도록 해요.

감정 돌봄 리스트 :

1.

2.

3.

4.

5.

"나는 사랑에 빠질 때 어떤 모습인가요? 주변의 가까운 사람들에게 자주 듣는 말은 무엇인가요?"

"나는 어떤 사람에게 매력을 느끼나요? 그 매력에 끌리는 이유는 무엇인가요?"

사랑할 때 내 모습은 어떤가요? 흔히 사랑에 빠지게 되면 다양한 호르몬들의 축제가 일어나요. 그러다 보니 평소의 자신보다 더 관대해지기도 하고, 처음과 달리 생각이 비좁아지

기도 해요. 마음이 마치 파도처럼 일렁이다 보니 어느 날은 도통 자신이 잘 이해되지 않을 수도 있어요.

그렇다면, 내 마음을 잘 다듬을 수 있는 '사랑 지침서'를 만들어 보면 어떨까요? 나도 모르게 상처를 준 날, 마음에도 없는 말로 서로를 괴롭힌 날, 미안함과 후회가 남는 날… 그런 날에 꺼내본다면 아마 길을 잃지 않도록 도와줄 거예요.

1. 사랑하는 사람에게 나는 _____

_____

2. 사랑하는 사람에게 자주 들려주고 싶은 말은 _____

_____

3. 사랑하는 사람이 아플 때는 _____

_____

4. 사랑하는 사람의 기쁜 일에는 _____

_____

5. 사랑하는 사람의 슬픈 일에는 _____

_____

6. 사랑하는 사람과 다투게 되면 _____

_____

7. 사랑하는 사람의 생각을 _____

_____

8. 사랑하는 사람의 감정을 _____

_____

9. 사랑하는 사람의 일상을 _____

_____

10. 사랑하는 사람에게 절대 _____

_____

"가장 오래도록 남은 이별의 아픔은 무엇인가요? 그 이유는 무엇인가요?"

"사랑을 시작할 때 가장 두려워하는 것은 무엇인가요?"

이별의 아픔은 한동안 마음에 남아 회복되기까지 시간이 필요할 수 있어요. 어떤 이별은 깊은 상처로 남아 누군가를 다시 만나는 일을 두려워하거나 염려하기도 해요. 이때는 마음의 상처를 외면하기보다 지난 일로 인한 나의 감정을 잘 보듬

어주세요. 그래야 또 다른 시작을 할 때 편안해질 수 있어요.

지난 이별이 상처가 되어 남아 있다면
나의 감정을 피하거나 억누르려고 하지 말고
마음의 아픔을 그대로 수용해주세요.

그때의 감정을 가만히 알아차려보세요.
감정이 무엇이든 그대로 머물러 바라봐주세요.
그리고 감정을 더욱 맞이해주세요.

'나는 나의 슬픔을 수용합니다.'
'나는 나의 아픔을 수용합니다.'
'나는 나의 고통을 수용합니다.'

마음 챙김 처방전
DAY 34

"사랑하는 사람에게 어떤 사람이 되고 싶으세요?"

"나의 집착이나 소유욕 때문에 망쳐버린 관계가 있나요? 그일이 나의 삶에 어떤 영향을 끼쳤나요?"

사랑에 대한 욕구가 크면 자칫 지나치게 상대의 마음을 알려고 하거나 그 사람의 모든 일상에 집착하게 될 수 있어요. 그러면 누구도 내 곁에서 행복할 수 없어요. 내 불안을 내가 잘다스려 소중한 사람이 나로 인해 상처받는 일이 없도록 해요.

나의 반복적인 집착 행동이나 말은 무엇인가요?

　내가 그럴 때마다 상대방은 어떤 감정이었을까요? 그 사람의 입장이 되어보세요.

"눈을 감고 상대방의 시선으로 내 모습을 바라봐주세요.

그 사람은 나의 집착을 어떻게 느끼나요?

그 사람이 보는 나는 어떤 사람인가요?"

"어린 시절 부모님은 나의 감정을 잘 헤아려주셨나요? 기억 나는 순간은 무엇인가요?"

"나는 나의 감정을 잘 헤아리고 있나요? 내 감정에 대한 공감 지수는 어느 정도인가요?" (0~10점)

나의 마음을 헤아리며 감정을 수용하는 일이 쉽지 않을 수 있어요. 감정에 다가가기 어렵다면 나의 감정에 이름을 지어 주세요. 친밀하게 부를 수 있는 이름이면 좋겠어요. 원치 않는

감정이 찾아올 때마다 감정의 이름을 부르며 "토토, 오늘 무척 힘들었구나" 또는 "마음아, 조금 전 일로 화가 많이 났구나"라 며 객관적으로 내 마음을 대하도록 해요. 그리고 친절하게 다 가가 말을 건네주세요.

지금 나의 감정은 어떤가요.

감정을 알아차려보세요.

나의 감정에 애정 어린 이름을 지어주세요.

감정이 일어날 때 그 이름을 부르며 다가가보세요.

지금 나의 감정에 어떤 이야기를 들려주고 싶으세요?

6주. 가치

"가치는 삶을 안내하는 나침반과 같아요.
가끔 어디로 가야할지 길을 잃고 헤맬 때
가야 할 길을 알려줄 거예요"

마음 챙김 처방전
DAY 36

"어린 시절 나의 꿈은 무엇이었나요?"

"어린 시절로 되돌아갈 수 있다면 언제로 가보고 싶으세요?"

"그 이유는 무엇인가요?"

우리에게는 어린 시절의 소중한 기억들이 있어요. 특히 자신의 노력이나 수고로움으로 일어났던 기분 좋은 순간들을 떠올려보세요. 가령 어떤 일을 생각보다 잘 해냈던 순간, 행운처럼 느껴진 날, 힘들지만 잘 참아냈던 일, 성취감이나 자신감을 느낀 순간, 친구를 도와주었던 기억 등 무엇이든 괜찮아요.

내 안에 있는 좋은 잠재력과 장점을 그동안 잊고 지내진 않았는지요?

어린 시절의 기억 중 기분 좋은 기억으로 남은 의미 있는 순간들을 기록으로 남겨보세요.

1.

2.

3.

4.

5.

PART 3 마음 챙김 처방전

마음 챙김 처방전
DAY 37

"내가 소중하게 여기는 삶의 가치는 무엇인가요?"

"지금 하는 일에서 느끼는 보람이나 의미는 어떤가요? 이 일
은 나의 미래에 어떤 영향을 주나요?" (전공, 학업, 직업 등)

삶의 가치는 크게 내재적 가치와 외재적 가치로 나뉘어요.
내가 어떤 일을 좋아해서 결정했다면 내재적 가치를 따른 거
예요. 반면 해야 해서 결정한 일이라면 외재적 가치라고 할 수
있어요. 좋아하는 일과 해야만 하는 일은 분명 동기와 행동이

다르겠지만 두 가치는 서로 균형을 이뤄야만 해요. 좋아하는 일만 할 수는 없으니까요.

중요한 건 무엇에서든 가치와 의미를 발견하는 마음이에요.

요즘 내가 중요하게 여기는 삶의 가치는 무엇인가요?

나의 가치를 영역별로 나누어 생각해봐요. 가치를 정한 후에는 꼭 가치에 맞는 실천 행동을 계획해보세요.

가족 간의 중요한 가치는

가치에 맞는 실천 행동은

친구 간의 중요한 가치는

가치에 맞는 실천 행동은

연인 간의 중요한 가치는

가치에 맞는 실천 행동은

일(학업)에서의 중요한 가치는

가치에 맞는 실천 행동은

여기에서의 중요한 가치는

가치에 맞는 실천 행동은

건강에서의 중요한 가치는

가치에 맞는 실천 행동은

마음 챙김 처방전
DAY 38

"지금 내가 가장 해보고 싶은 일은 무엇인가요?"

"요즘 나의 관심사는 무엇인가요?"

나의 관심 1

왜냐하면

나의 관심 2

왜냐하면

나의 관심 3

왜냐하면

평소 하고 싶었던 일은 무엇인가요. 나를 기분 좋게 만드는 의미 있는 일을 생각해보고 실천해보세요. 아마 그 순간 '나다움'을 되찾을 수 있을 거예요. 사실 우리는 내가 뭘 좋아하는지, 무엇을 원하는지 잘 모른 채 일상을 살아가곤 해요.

지금 내가 해보고 싶은 일은 무엇인가요?

내가 해보고 싶은 일 중 가장 쉽게 해 볼 수 있는 일을 먼저 떠올려보세요. 그리고 그 일을 하기 위한 구체적인 계획을 세워보세요.

"가족이나 내 곁에 있는 주변 사람들에게 어떤 사람으로 기억되길 바라나요?"

"지금까지의 선택 중에서 가장 잘했다고 생각하는 것은 무엇인가요? 또한 가장 아쉬움이 남는 선택은 무엇인가요?"

우리는 정작 내 곁의 가까운 사람들에게 충분히 마음을 다하지 못한 채 지내곤 해요. 곁에 있는 것만으로 위안을 얻지만, 함께 나누는 시간은 항상 아쉬움이 남아요. 내 곁의 소중

한 사람들과 좋은 추억을 만들어보세요. 말 한마디를 따뜻하게 건네고, 사소한 일상에 안부를 물으며 내 마음이 항상 곁에 있음을 표현해보세요.

만일 내가 80세가 되었다고 상상해보세요. 지난날을 회고할 때 어떤 생각이 들지 떠올려보세요. 충분히 집중한 후 다음의 빈칸을 채워보세요.

나는 _____ 시간을 다 써버렸네.

나는 _____ 시간을 쓰질 못했네.

나는 _____ 시간을 다 써버렸네.

나는 _____ 시간을 쓰질 못했네.

"앞으로 30년 뒤에 나의 자서전을 출간한다면 어떤 내용을 담고 싶으세요?"

만일 미래의 내가 현재의 내 모습을 본다면 어떤 말을 해줄까요? 우리는 앞으로 일어날 일에 대해 불안해하며 때로는 걱정하느라 많은 시간을 보내곤 해요. 일어나지 않을 일에 지나치게 신경을 쓰다 보면 현재의 순간을 초조하게 보낼 수 있어요. 미래에 대한 계획들을 단기, 장기적으로 세워보세요. 나에게 보람과 의미가 될 수 있는 뜻 깊은 일들을 조금씩 마련해보세요.

의미 있는 단기 계획	의미 있는 장기 계획
방해 요인 :	방해 요인 :
대처 계획 :	대처 계획 :

마음 챙김 처방전
DAY 41

"나는 언제 스스로를 '가치 있는 사람'으로 여기나요? 나의 지난 일들은 내 삶의 가치관에 어떤 영향을 줬나요?"

"지금 나에게 가장 필요한 용기는 무엇일까요?"

　가치관에 영향을 끼친 지난 일은 무엇인가요? 기억 속 어떤 일들은 삶의 가치관에 긍정적 또는 부정적으로 작용을 해요. 만일 나의 가치관이 부정적으로 형성되어 있다면 삶의 유연성을 떨어트리고 대인관계에서도 갈등을 유발할 수 있어요.

삶에 영향을 주는 부정적인 가치관을 찾아보세요. 그런 후에 일상의 변화를 돕기 위한 새로운 가치관을 수립해보세요.

부정적인 가치관 :

새로운 가치관 :

부정적인 가치관 :

새로운 가치관 :

부정적인 가치관 :

새로운 가치관 :

"1년 전 나는 어떤 모습이었나요? 현재는 어떤 모습인가요?
1년 뒤의 나는 어떤 모습일까요?"

1년 전 내 모습은

현재의 내 모습은

1년 뒤 내 모습은

"내가 극복한 것 중 가장 칭찬해주고 싶은 것은 무엇인가요?"

   힘겨운 일을 자주 겪으면 자신감도 낮아지고 '과연 내가 잘
해낼 수 있을까?'에 대한 확신이 들지 않아 마음이 어수선해

져요. 이때는 역경을 극복했던 지난 일들을 떠올려봐요. 또는 주변의 가까운 사람들이 역경을 어떻게 극복해갔는지 생각해 봐요. 힘들다고 생각하면 마음이 더욱 무거워져요. 나 자신에 게 용기를 불어넣어주세요.

어린 시절부터 지금까지 어려움을 극복해온 자신의 모습을 가만히 떠올려보세요. 나의 기억에 고스란히 담긴 그때의 나 에게 미처 하지 못했던 칭찬을 해주세요.

그때의 나에게

7주. 행복

"행복은
언제나 내 곁에 존재해왔고
지금 여기에도 함께 있어요.
주위를 둘러보세요"

"내가 느끼는 일상의 소소한 행복에는 무엇이 있나요?"

행복 하나,

행복 둘,

행복 셋,

행복 넷,

행복 다섯,

"멋진 여행을 떠난다면 어디로 가고 싶으세요? 함께 하고 싶은 사람이 있나요? 무엇을 챙겨가고 싶으세요?"

　　우리는 행복을 찾기 위해 늘 노력해요. 과연 행복은 어디에 있는 것일까요? 행복은 내가 발견해내야 해요. 아무리 좋은

여행지에 가도, 근사한 옷을 입고 있어도, 멋진 집에 살아도
내 마음에 걱정이나 근심이 가득하면 아무런 소용이 없어요.
지금 창밖을 봐요. 햇살, 구름, 바람 모두 다 나의 것이에요.

눈을 감고 편안하게 호흡하며 지금의 순간을 느껴보세요.
가만히 호흡하며 숨결의 느낌을 느껴보세요.
있는 그대로 존재하는 나를 느껴보세요.
내 몸의 느낌, 공간의 소리, 빛이나 향기, 피부에 닿는 공기
그리고 지금 여기의 모든 것을 알아차려보세요.

"하루에 단 몇 분이라도 현재의 순간을 느껴보세요."

마음 챙김 처방전
DAY 44

"지금까지 가장 행복했던 순간은 언제인가요?"

"내가 생각하는 행복한 삶이란 무엇인가요? 나의 행복을 위해 해야 할 행동과 하지 말아야 할 행동은 무엇인가요?"

스트레스로 지치고 힘든 날에는 복잡한 생각에서 빠져나와 몸과 마음을 잠시 쉬게 해주세요. 그때는 어떤 생각을 해도 효율적인 생각이 잘 떠오르질 않을 거예요. 기분을 조금이라도 더 나아지게 한 후 그 상황을 다시금 살펴보면 어떨까요?

내가 가장 행복했던 순간을 떠올려보세요.

1. 그곳은 어디인가요? 누구와 함께 있나요?

   이미지 속의 풍경, 소리, 빛과 색 등 모든 것을 느껴보세요.

2. 최근 힘들었던 스트레스 상황을 떠올려보세요.

   지금 마음이 어떤가요? 내 몸의 느낌이나 감각은 어떤가요?

3. 다시 행복했던 장면을 떠올려보세요.

   그리고 그 장면에 집중해보세요. 입가에 미소도 지어보세요.

   몸의 긴장을 내려놓고 편안히 그 장면을 떠올려보세요.

이 과정을 몇 차례 반복하세요. 이내 스트레스로 인한 기억과 감정이
진정되면서 이전보다 편안해질 거예요.

"오늘 하루 중 의미 있다고 느껴지는 순간은 언제였나요?"

(누군가와의 대화, 창가의 햇살, 책의 내용, 거리의 풍경, 우연히 받은 작은 배려 등)

"요즘 나에게 해주고 싶은 응원의 말은 무엇인가요? 내 곁에 있는 사람들에게 해주고 싶은 응원의 말은 무엇인가요?"

하루가 바쁘게 지나가나요? 때론 무슨 일이 일어나는지 잘 모른 채 지나칠 때가 많아요. 그러다 보면 하루가 무의미하게

느껴질 수도 있어요. 편안한 시간에 하루의 일을 되돌아보면서 의미 있게 담을 만한 순간을 찾아 기록으로 남겨보세요. 일주일 정도 연습하다 보면 일상의 작은 일에서도 소소한 즐거움이 느껴질 거예요. 하루에 세 번, 의미 일기를 써보세요.

오늘 하루 어떤 일이 있었나요? 의미 있는 순간을 찾아보세요. 세 가지를 찾아 마음에 담아볼까요?

의미 있는 일 하나,

의미 있는 일 둘,

의미 있는 일 셋,

"살아오면서 감사와 고마움을 느낀 순간은 언제인가요? 가장 기억에 남는 일은 무엇인가요?"

"최근 내 곁에 있는 사람들 중 누군가가 나에게 고맙다고 말한 순간은 언제인가요? 나의 어떤 행동이 고마움을 느끼도록 했나요?"

이번 주를 가만히 돌이켜보세요. 가까운 주변이나 다른 누군가로부터 '고마워요' '감사합니다'라는 말을 언제 들었을까

요? 혹은 습관처럼 수시로 나누는 말이라고 여겨 대수롭지 않
게 흘려버리진 않나요.

일상에서 느끼는 감사의 순간을 미소로 맞이해보세요.

오늘 하루, 누군가를 위한 '착한 행동'을 천사처럼 해보세요.

작은 응원의 글이나 눈에 보이지 않는 배려, 또는 맛있는 커피나 배부
른 음식 등 무엇이든 내 마음을 담아보세요.

"오늘, 누구의 '착한 천사'가 되어볼까요?"

"나는 나에게 어떤 가족이 되고 싶은가요? 어떤 엄마, 어떤 아빠가 되고 싶은가요?

"나의 미래를 위해 당부하고 싶은 말이 있다면 무엇인가요?"

꼭 잊지 마, "   "

　나의 마음을 가장 잘 알고 있는 사람은 누구인가요? 마음이 힘들고 지칠 때 내가 나의 가장 좋은 양육자가 되어주세요. 자애로운 엄마와 같이, 따뜻한 아빠와 같이 나를 일으켜 세워주세요. 무척이나 힘든 날에는 내가 나의 양육자가 되어 사랑으로 보살펴주세요.

오늘 나에게 어떤 말을 해주고 싶으세요?
가장 필요한 말이 무엇일까요?

마치 엄마와 같이
"   "

마치 아빠와 같이
"   "

마음 챙김 처방전
DAY 48

"지금 내 마음은 어떤가요? 내 마음을 잘 헤아려줄 수 있는
사람은 누구인가요?"

"평소 당연하게 여겨서 고맙다는 말을 잘 표현하지 못했던
사람은 누구인가요? 전하고 싶은 내 마음은 무엇인가요?

　내 마음을 지금보다 더 공감할 수 있다면 나에게 어떤 변화
가 일어날까요? 마음 공감은 '괜찮아' '힘내'라고 말하는 것이
아니라 내 마음을 먼저 있는 그대로 헤아려주는 거예요. 내 마

음이 슬플 때는 슬픈 그 마음을 알아주고, 기쁠 때는 흠뻑 기
뻐하며, 불안할 때는 그 불안과 함께 머물러주는 거예요. 나의
마음을 거울처럼 비춰주면서 있는 그대로를 수용하는 것, 그
순간이 바로 '마음 공감'이에요.

지금 내 마음을 있는 그대로 느껴보세요.

먼저 관대하고 자애로운 마음으로

나의 마음속에 일어나는 감정을 알아차려보세요.

비록 원치 않는 감정일지라도

그 감정을 수용하며

내 안에서 편히 머물다 지나갈 수 있도록 허락해주세요.

"지금보다 나를 더 사랑하면 앞으로 어떤 일이 일어날까요?"

"축복해주고 싶은 한 사람을 떠올려보세요. 그 사람의 행복
을 위한 축복의 기도를 한다면 어떤 말을 해주고 싶은가요?"

내 곁의 가까운 사람들은 요즘 잘 지내나요? 만약 누군가
힘든 일을 겪고 있다면 마음으로 격려와 응원을 보내주세요.

나아가 시간을 내서 가족, 사랑하는 사람, 친구, 동료에게 축복을 기도해주세요. 내 마음을 담아 자애로운 마음을 보내드리면 어떨까요? 마음을 편히 하고 축복의 기도를 드리고 싶은 한 명을 떠올려보세요. 그 사람의 이미지를 마음으로 그려보세요. 지금 그 사람의 고통이 지나가길 기도해주세요.

사랑하는 ＿＿＿＿＿＿＿이(가) 행복하기를…….

사랑하는 ＿＿＿＿＿＿＿이(가) 평화롭기를…….

사랑하는 ＿＿＿＿＿＿＿이(가) 건강하기를…….

사랑하는 ＿＿＿＿＿＿＿이(가) 고통에서 벗어나기를…….

8주. 현재

"가장
완벽한 현재는
바로 지금이에요"

마음 챙김 처방전
DAY 50

"존재하는 것만으로도 감사하다는 생각이 든 적이 있나요?"
(자신, 타인, 주변 대상, 자연, 우주⋯⋯.)

"나는 나에게 기회를 많이 열어주나요? 요즘 자신에 대해 새롭게 알게 된 부분이 있다면 무엇인가요?"

  자신을 위해 자애로운 말을 건네보세요. 그리고 나와 함께 하는 모든 순간에 작은 감사를 보내보세요. 나를 위한 기도가 처음에는 어색하거나 낯설 수도 있어요. 아침에 오늘 하루 내

가 편안하고 건강하기를 바라는 마음을 담아 시작하는 걸로 충분해요. 나를 포함한 모든 대상에게 감사와 자애의 마음을 전해보세요.

"오늘 내가 편안하기를 바랍니다."

" _____ "

" _____ "

"내가 존경하는 인물은 누구인가요? 그 분을 만난다면 묻고 싶은 질문은 무엇인가요? 그 분의 어떤 점을 배우고 싶은가요?"

"나와 똑같은 고민을 하고 있는 친구가 찾아온다면 어떤 이야기를 들려주고 싶으세요?"

요즘 나의 고민은 무엇인가요? 한동안 생각을 해봐도 마음을 결정하기 어렵다면 나의 생각에서 벗어나 다른 관점으로 문제를 살펴보세요. 때론 예상보다 쉽게 답을 얻을 수 있어요.

1. 요즘 나의 가장 큰 고민을 적어보세요.

----

2. 나의 가장 친한 친구가 같은 문제로 고민을 한다면 어떤 말을 해주고 싶으세요?

----

3. 만일 내 주변의 가까운 누군가가 같은 일을 겪는다면 이 고민을 어떻게 해결할까요?

"최근 다른 사람의 편견으로 인해 상처받은 일이 있나요? 그 사람의 생각에 대한 나의 의견은 어떤가요?"

"다른 사람을 평가하는 나의 기준은 무엇인가요? 타인이 나의 기준과 똑같은 방식으로 우리 가족이나 사랑하는 사람을 대한다면 나는 어떤 마음이 들까요?"

우리는 일상에서 여러 일로 많은 사람을 만나게 돼요. 때로는 사소한 말 한마디가 상처가 되기도 하고 여러 번 그 말이

떠오르며 마음이 아프기도 해요. 나에게 상처가 되는 말을 받아들일지 말지는 나의 선택이에요. 나의 가치를 타인에게 맡기지 마세요. 나의 가치에 상처를 주는 말은 이제 그 순간 그곳에 내려놓고 오세요.

1. 최근 나에게 상처가 된 말은 무엇인가요?

----

2. 상처가 된 그 말에 나의 입장을 명확하게 표현해보세요.

"현재 두렵지만 직면해야 하는 일이 있다면 무엇인가요? 나를 가장 괴롭히는 생각은 무엇인가요?"

"현재의 나는 어떤 모습인가요? 어떻게 지내나요?"

어떤 일에 대한 걱정을 자주 하게 되면 두려움이 생겨요. 두려움이란 감정은 그 일에서 달아나고 싶은 마음을 불러들여서 더욱 괴로움만 커져요. 사실 마음 깊은 곳에는 '잘 해내고 싶어'라는 소망이 담겨 있어요. 그러니, 자신에게 새로운 경험

과 기회를 주세요. 두려움은 언제든 만나게 되는 마음속 손님
과 같아요. 피하려고 하기보다는 기꺼이 맞이해보세요.

눈을 감고
지금 극복해야 할 일을 가만히 떠올려보세요.

걱정이나 염려, 불안이나 두려움이 일어날 때마다
그 마음을 있는 그대로 알아차려 보세요

'지금 내 마음에 걱정하는 마음이 있구나'
'지금 내 마음에 두려움이 있구나'

내 마음을 알아차린 후에는
따뜻한 용기와 격려, 힘이 되는 말을 들려주세요.

"현재 나의 좋은 습관과 변화가 필요한 습관은 무엇인가요?"

"최근 기대와 다른 결과로 실망한 적이 있나요? 반대로 기대하지 않았지만 좋은 결과를 얻은 일이 있나요?"

지난 일 중에 기대와 달리 좋은 결과나 의미 있는 경험을 하게 된 적이 있나요? 우리는 어떤 일의 결과를 두려워하며 부정적인 예측을 하기도 해요. 사실 좋은 결과를 기대하지만 혹시나 하는 염려가 크다 보니 오히려 최악의 상황을 예상하

곤 해요. 하지만 때론 우려와 달리 더욱 기쁘고 좋은 일이 일어나기도 해요. 미래는 알 수 없으니 낙관적인 마음으로 생각해보는 연습을 해봐요.

지금 나의 걱정과 불안을 낙관적인 기대로 바꿔보세요.

나의 걱정,

낙관적인 기대

나의 걱정,

낙관적인 기대

나의 걱정,

낙관적인 기대

"요즘 나에게 추천하고 싶은 영화 3편이 있다면 무엇인가요?
이유는 무엇인가요?"

작품 1

왜냐하면

작품 2

왜냐하면

작품 3

왜냐하면

"미래의 나에게 보내고 싶은 메시지는 무엇인가요?"

미래의 나에게 보내고 싶은 메시지, 작은 선물, 현재의 물건 중 하나, 담고 싶은 사진 한 장을 공간 상자에 넣어 보내보세요.

메시지 :

작은 선물 :

현재의 물건 하나 :

사진 한 장 :

"자존감이란 단어를 떠올리면 무슨 생각이 드나요?"

"지금 나에게 하고 싶은 말이 있다면 무엇인가요?"

자존감 노트를 마친 '나'에게 편지를 남겨보세요.

8주간 정말 수고 많았어요. 마음을 담아 나에게 전하고 싶은 이야기를 건네보세요.

_____에게

어제 울었어도
오늘의 행복을 지킬 거야

초판 1쇄 인쇄 2021년 10월 28일
초판 1쇄 발행 2021년 11월 8일

지은이 김도연
펴낸이 김상흔

편집 이은경
일러스트 재수
디자인 이승은

펴낸곳 도서출판 흔
출판등록 2018년 5월 16일 제406-2018-000055호
주소 서울시 마포구 양화로 72 1324호
전화 010-4765-1556
이메일 tkdgms17@naver.com
출력·인쇄 상지사P&B

ISBN 979-11-90474-04-7(03180)